Todos los libros de Linkgua Ediciones cuentan con modelos de Inteligencia Artificial entrenados por hispanistas. Pregúntale al chat de tu libro lo que desees acerca de la obra o su autor/a.

Para **ebooks:** Accede a nuestro modelo de IA a través de este enlace.

Para **libros impresos:** Escanea el código QR de la portada con tu dispositivo móvil.

Obtén análisis detallados de nuestros libros, resúmenes, respuestas a tus preguntas y accede a nuestras ediciones críticas generativas para una experiencia de lectura más enriquecedora.
La transparencia y el respeto hacia la autoría de las fuentes utilizadas son distintivos básicos de nuestro proyecto. Por ello, las respuestas ofrecen, mediante un sistema de citas, las fuentes con las que han sido elaboradas.

Julián del Casal

Julián del Casal - Gustave Moreau

Correspondencia cruzada - Mi museo ideal

Edición de Dominique Fernandez y Roger Herrera

Barcelona 2024
Linkgua-ediciones.com

Créditos

Título original: Julián del Casal-Gustave Moreau
Aux lumières pourprées du crépuscule
Correspondance croisée
Suivi de Mi Museo Ideal.

Traducción: Roger Herrera y Dominique Fernandez.

e-mail: info@linkgua.com

Diseño de cubierta: Michel Mallard.

ISBN rústica ilustrada: 978-84-1126-984-1.
ISBN tapa dura: 978-84-1126-616-1.
ISBN ebook: 978-84-9953-397-5.

Sumario

Gustave Moreau (1826-1898). *Jason y Amor*. Heliograbado. En Desvallières George, *La Obra de Gustave Moreau* publicada bajo el patronato del Museo Nacional Gustavo Moreau, introducción del Sr. George Desvallières, editor J. E. Bulloz, París [1913]. Colección particular. Fotografía © Ferrante Ferranti.

Prefacio

> Le talent de Julián del Casal (...), c'est un talent solide et frais, mais mal éduqué (...) lorsque la Foi terrible aura touché sa jeune âme, les vers sortiront de sa bouche comme des fleurs sacrées.[1]
>
> Paul Verlaine

Casal

Un joven poeta de Cuba aún desconocido, un célebre pintor de París: todo los separa, el océano, casi cuarenta años de diferencia, la barrera de la gloria, el foso de la lengua y sin embargo el milagro se produce. Julián del Casal, que vio, en grabados o en fotografías, en su lejana Habana, los cuadros de Gustavo Moreau, se enamora de estos lienzos, que él llama «divinas creaciones». Nunca ha viajado a Francia y nunca ha visto los cuadros originales, conoce apenas el francés, pero eso no importa, escribe al pintor para decirle su admiración, su éxtasis, su admiración eterna. Sorprendido por esta carta, el pintor, que no conoce el español, responde; y, de un lado al otro del Atlántico, se teje la más extraña correspondencia intercambiada por dos hombres que no se conocen y que se entienden apenas.

Este hecho ocurre en los últimos años del siglo XIX. En esta época, el impacto intelectual y artístico de París era tal que los periódicos, las copias de los cuadros llegaban regularmente desde Francia a esta isla del Caribe y lograban des-

1 «El talento de Julián del Casal (...) es un talento sólido y fresco, pero mal educado (...) cuando la Fe terrible habrá tocado su joven alma, los versos saldrán de su boca como flores sagradas.» En una carta de abril de 1893, Enrique Gómez Carillo cuenta a Casal las impresiones de Paul Verlaine sobre *Nieve*. Ver Julián del Casal. *Epistolario*, compilación y notas de Leonardo Sarría, Leiden, Almenara, 2017, pág. 80.

pertar el entusiasmo de un joven prendado de ideal. Todo no termina aquí, pues, entre las figuras finiseculares de Moreau —héroes musculosos y viriles, mujeres retorcidas y perversas— y el imaginario del poeta, había una tal correspondencia secreta que la vista de las reproducciones despertó su inspiración para una docena de sonetos que forman parte hoy del patrimonio poético cubano. Composiciones bastante complejas y sutiles, a veces alambicadas, colmadas de una preciosidad encantadora y de un lirismo tortuoso. Se ve desfilar en su *Museo Ideal*, como Casal titula su florilegio de sonetos, todos esos símbolos de la fuerza masculina y de la crueldad femenina que son Hércules y Salomé, Polifemo y Elena, todos esos mitos antiguos revitalizados por el soplo del «decadentismo» que atravesaba la Europa de Huysmans, de Mallarmé, de Barrès, de Oscar Wilde, de Rossetti, de D'Annunzio.

Si Mario Praz, el gran historiador y crítico de arte italiano, autor de la obra de referencia *La carne, la muerte y el diablo* (*La Carne, la Morte e il Diavolo*, 1930) hubiera conocido a Casal, no cabe duda de que lo hubiese incluido en el jardín de las «flores del mal» cuyo perfume capitoso embriagaba a los contemporáneos de la reina Victoria y del escándalo de Panamá. Sensualidad torturada, gusto por la seducción que destruye y por la belleza que mata, espasmos de satanismo y culto de la Bella Dama sin merced, aspiración a un candor imposible y vestigios de una concupiscencia fantasmada, encanto del vicio y sueños de inocencia, tales son los ingredientes que se encuentran en los versos hábilmente cincelados del joven de La Habana.

Julián del Casal merece plenamente entrar en el coro de los poetas que a finales del siglo XIX salvaron definitivamente la poesía tanto del naturalismo plano como de la elocuencia hueca. Sus versos son a veces difíciles de entender, sus epítetos excesivos, sus metáforas cargadas; demasiada sangre, demasiado mármol, demasiadas joyas y pedrería quizás, demasiados cuerpos hendidos de flechas y demasiadas Venus color de alabastro, nos decimos acá y allá. Pero, en eso que hubiera podido ser un amasijo de lirismo juvenil, debemos reconocer que brotan puros destellos de beldad.

Dominique Fernandez

Gustavo Moreau (1826-1898). *Hércules y la Hidra de Lerna* (detalle). Heliograbado. En Desvallières, George, *La Obra de Gustave Moreau* publicada bajo el patronato del Museo Nacional Gustave Moreau, introducción del Sr. George Desvallières, editor J. E. Bulloz, París [1913]. Colección particular. Fotografía © Ferrante Ferranti.

Introducción

Nacimiento de una pasión

El 9 de agosto de 1891, Julián del Casal y de la Lastra (1863-1893), poeta cubano de veintiocho años, publica en el semanario cubano *La Habana Elegante* el tercer soneto de una trilogía dedicada al pintor francés Gustave Moreau (1826-1898). El primer poema de la serie había sido publicado un año antes en la misma revista, el segundo, a inicios de agosto de 1891, como testimonio de su admiración ante los cuadros del pintor: *Salomé*, *Elena* y *Galatea*. Con tres poemas bajo el brazo, el joven poeta se decide a hacer algo con lo que sueña desde hace algún tiempo: escribir al autor de estas «adoradas figuras» [2] para confesarle su admiración. Dos días después, el 11 de agosto, Casal toma la pluma y redacta en un francés aproximado, pero extremadamente elegante, una carta a su «muy-adorado maestro»,[3] acompañada de los tres poemas en cuestión.

Mas, ¿quién es este Julián del Casal que, pese a la distancia que separa La Habana de París, decide escribir, en una lengua que él no habla, al pintor simbolista francés? Casal, como lo llamaban sus contemporáneos, es uno de los principales poetas modernistas en Cuba y uno de los grandes inspiradores de esta corriente en Latinoamérica. Nacido en La Habana en noviembre de 1863, Casal pierde a su madre siendo solo un niño y a su padre en su juventud más temprana. Estas dos pérdidas van a marcar profundamente la vida del poeta. Educado en un internado, Casal crece como un joven melancólico carente de ternura familiar. Comienza así a refugiarse en la lectura y los fantasmas de otras épocas y otros horizontes invaden su imaginario de adolescente. En 1881, con solo dieciocho años, publica sus primeros poemas, *Una lágrima*, *El poeta y la sirena* y *Huérfano*, en el periódico *El Ensayo*. Estas composiciones imperfectas de un joven pensionario

2 Del Casal, Julián. Carta a Gustave Moreau del 11 de agosto de 1891, publicada en esta edición, traducción de Roger Herrera.

3 *Ibidem.*

son el fruto de su educación romántica y evocan desde temprano las imágenes de mundos lejanos y la «nostalgia de otras edades».[4]

A la muerte de su padre en 1885, Casal comienza a colaborar de manera recurrente con la prensa cubana finisecular; especialmente después de conocer a Enrique Hernández Miyares quien escribía para *La Habana Elegante*, semanario que el mismo pasará a dirigir en 1888. Durante cinco años, Casal publica poemas y artículos de sociedad en varios periódicos habaneros, y en la primavera de 1890 aparece su primer volumen de versos: *Hojas al viento*. La crítica de la época acoge con entusiasmo el poemario y Casal, considerado aún como un romántico tardío, comienza a suscitar la admiración de la joven generación de poetas latinoamericanos.

En ese año de 1885, Aniceto Valdivia, escritor y diplomático cubano, regresa a Cuba luego de un viaje por Europa de más de 15 años. En su equipaje trae un tesoro inconmensurable: una maleta llena de libros recientemente publicados en el viejo continente. Valdivia, personaje extrovertido y generoso, comparte con sus nuevos amigos cubanos los tesoros de su baúl, y Casal cae de a lleno en este pozo de riquezas. Allí descubrió a Teófilo Gautier, Francisco Coppée, Catulo Mendès, José María de Heredia, Leconte de Lisle, Sully Pudhomme, Baudelaire...

Es muy probable que entre los autores de la maleta se encontrase igualmente Joris-Karl Huysmans, quien había publicado un año antes su novela *A contrapelo* (1884). Casal transforma esta novela en el estandarte de su vida. Él, que vivía en una obsesión perenne de lucha entre la carne y el espíritu, tomará a Jean des Esseintes, el protagonista del libro, por una suerte de alter ego digno de imitar. Esta es quizás la razón por la cual Casal comienza a adorar al pintor preferido del personaje de Huysmans, ese «artista cuyo talento le subyugaba y le sumía en éxtasis prolongados (...), Gustavo Moreau».[5] Ese pintor que, según Huysmans, no derivaba de nadie, sin ascendentes verdaderos, ni descendientes posibles: único en el arte contemporáneo. Ese artista que «regresando a las fuentes etnográficas, a los orígenes mitológicos

4 Del Casal, Julián. *Retrato de Gustavo Moreau, Mi museo ideal*, publicado en esta edición. En sus publicaciones, Casal utilizaba Gustavo como apelativo. Hemos decidido mantener esta elección en todas las transcripciones de sus poemas y cartas.

5 Huysmans, J. K. (1884): *A contrapelo* (Juan Herrero, ed.). Madrid: Cátedra, 9na edición, 2018, pág. 176.

de los que comparaba y resolvía los sangrientos enigmas, creando una sola leyenda venida del Extremo Oriente y metamorfoseada por las creencias de otros pueblos (...) justificaba (...) sus fusiones arquitectónicas, sus amalgamas lujosos e inesperados de tejidos, sus hieráticas y siniestras alegorías (...)».[6]

Casal se enamora perdidamente de este pintor singular, que, como él, vive cautivado por los misterios de los universos lejanos, por la magia de las épocas remotas y subyugado por el embrujo de la fémina «monstruosa, indiferente, irresponsable, insensible» que envenena a «todo aquel que se acerca, todo aquel que la ve, todo lo que toca».[7] Casal, el joven mancebo de los ojos verdes y de la piel de alabastro, disfruta en su soledad de estos mundos imaginarios que pueblan los cuadros de Moreau, haciendo creer a sus amigos que llora la desaparición de una amada muerta muy joven, hace algunos años ya.

Este personaje que aparece repetidas veces en su primer poemario *Hojas al viento*, como una joven virginal y pura, le servirá de pretexto para justificar su celibato en una edad en la que la mayor parte de sus contemporáneos ha probado ya las delicias del amor e incluso del matrimonio. Sin embargo, para Casal la mujer es una pesadilla que lo obsesiona, pues se siente incapaz de dar ese paso que todos esperan de él: hacer la corte a una bella criolla y desposarla después. Él, tan bello, tan delicado, tan triste, no podrá encontrar remedio más que en los brazos de una linda y gentil esposa, piensan sus amigos. No obstante, él resiste. No quiere ceder al orden social que lo oprime y lo envenena. Y es en medio de esta lucha interior que el poeta comprende las causas de su temor del sexo femenino al descubrir la *Salomé* de Gustavo Moreau, a través de la magnífica descripción de Huysmans:

> Entre el aroma perverso de los perfumes, entre la atmósfera sobrecargada de esta basílica, Salomé se desliza lentamente sobre la punta de sus pies, extendiendo el brazo izquierdo en un gesto de autoridad y sosteniendo con el brazo derecho una gran flor de loto a la altura del rostro, mientras una mujer en cuclillas puntea las cuerdas de una guitarra. Con la expresión concentrada, solemne, casi augusta, empieza la lúbrica danza que ha de despertar los sentidos aletargados del viejo Herodes; sus senos ondulan

6 Huysmans, J. K. (1884): *op.cit*, pág. 183.
7 *Ibidem.*, pág. 179.

> y, al contacto con los collares que se agitan frenéticamente, sus pezones se enderezan; sobre su piel sudorosa centellean los diamantes, sus pulseras, sus cinturones, sus sortijas; la coraza de orfebrería, cada una de cuyas mayas es una piedra preciosa, se pone a llamear sobre su túnica triunfal, bordada de perlas, rameada de plata, laminada en oro, dibuja culebrinas de fuego, bulle y se agita sobre la carne mate, sobre la piel rosa té, cual insectos espléndidos de élitros deslumbrantes, jaspeados de carmín, moteados de amarillo alba, esmaltados de azul de acero, y adornados con rayas verdes del color del pavo real.[8]

Esta descripción deja a Casal «abrumado, anonadado, preso de vértigo»,[9] pues descubre en el retrato de la Salomé de Moreau-Huysmans la imagen de la fémina diabólica y perversa por la que tanto temor siente.

Cinco años después, teniendo ya veintisiete y habiendo publicado su primer libro, Casal se siente listo para afrontar ese fantasma femenino que lo paraliza. La confrontación a una reproducción de la *Salomé* de Moreau o una relectura de la obra de Huysmans lo incitan a exorcizar sus demonios con la composición de un poema inspirado por el cuadro del pintor francés. El poema aparece en *La Habana Elegante* el 21 de septiembre de 1890. Se trata prácticamente de una versificación de la descripción de Huysmans en *A contrapelo*. La secuencia es casi idéntica: descripción del palacio, presentación del Tetrarca, aparición de Salomé, danza macabra y lúbrica. Todos los elementos descriptivos de Huysmans están presentes: el humo azulado que se mezcla al dorado polvo de los rayos del sol, el soberano desgastado por los años con su larga barba como una nube blanca, la mujer que toca la guitarra, el fulgor de los accesorios abarrotados de pedrería, la veste de brocado y en la mano derecha, a nivel de la frente, el blanco loto.

> Delante de él, con veste de brocado
> Estrellada de ardiente pedrería,
> Al dulce son del bandolín sonoro,
>
> Salomé baila y, en la diestra alzado,

8 *Ibidem.*, pág. 177.
9 *Ibidem.*, pág. 182.

Muestra siempre, radiante de alegría,
Un loto blanco de pistilos de oro.[10]

El tiempo pasa y la pasión de Casal por Moreau sigue creciendo en su corazón delicado. A sus numerosos amigos que viven en el extranjero, pide que le envíen copias de los cuadros del pintor, pero las imágenes son escasas ya que Moreau es «un pintor que tiene poca fama y solo es apreciado por algunos artistas»,[11] según palabras del propio Casal. Sin embargo, en el verano de 1891, Casal logra ver una copia de la obra *Galatea* en un periódico. Esto lo incita a componer dos nuevos sonetos dedicados a dos cuadros de Moreau: *Galatea* y *Elena*, siguiendo la misma lógica que su *Salomé*. Tales sonetos hacen sutilmente recordar la descripción que de estos cuadros diera Huysmans en su *Arte moderno* de 1883:

> Una representa a Helena, de pie, erguida, recortándose sobre un terrible horizonte salpicado de fósforo (...), con un vestido incrustado de piedras preciosas (...); sosteniendo en la mano (...) una gran flor (...). A sus pies yacen montones de cadáveres atravesados de flechas, y, con su augusta belleza blonda, domina la matanza, majestuosa y soberbia (...)
> La otra tela nos muestra a Galatea, desnuda, en una gruta, acechada por el enorme rostro de Polifemo. (...) La gruta es un vasto estuche donde, bajo la luz caída de un cielo de lapislázuli, una flora mineral extraña cruza sus brotes fantásticos y entremezcla los delicados guipures de sus inverosímiles hojas.[12]

No sabemos si Casal pudo ver cuadros originales de Gustavo Moreau[13] o si las copias de los mismos bastaron a su imaginación; no

10 Del Casal, Julián: *Salomé*, *Mi museo ideal*, publicado en esta edición.
11 Del Casal, Julián. Carta a Magdalena Peñarredonda del 26 de agosto de 1891, en: Julián del Casal, *Epistolario*, compilación y notas de Leonardo Sarría, Leiden, Almenara, 2017, pág. 53.
12 Huysmans, J. K. (1883): *El Arte Moderno*. Madrid: Tecnos, 2da edición, 2016, pág. 140.
13 En su carta a Magdalena Peñarredonda del 26 de agosto de 1891, Casal afirma haber visto una reproducción de la Galatea de Moreau en un periódico reciente, que le hiciera recordar el cuadro que él había visto en España, sin indicar si este cuadro era un original o una reproducción. En sus diversas cartas, él insiste en que solo conocía la obra de Moreau por versiones en blanco y negro

obstante, la prosa de Huysmans le brindó la materia suficiente para componer sus dos homenajes. Así pues, con tres poemas publicados —*Salomé*, *Galatea* y *Elena*—, Casal se siente lo suficientemente seguro para escribir al pintor y mostrarle que en La Habana se encuentra «el más ferviente, el más sincero, el más fiel y el más leal de vuestros admiradores y de vuestros servidores».[14]

Un intercambio lejano

En ese mundo de finales del siglo XIX, sin internet ni redes sociales, ¿cómo iba a hacer el joven Casal para escribir a un pintor que vivía «encerrado, en pleno París, en una celda donde ya ni siquiera penetra el ruido de la vida contemporánea»?[15]

Casal se dice que Moreau debía conocer bien la descripción que su otro gran maestro, J. K. Huysmans, había hecho de sus cuadros en sus crónicas sobre el arte moderno. Gracias a su pluma, Casal había descubierto la obra del pintor y desde su primera lectura de *A contrapelo* había devorado casi toda la obra de este gran modernista.

A inicios del año 1891, Casal sigue con pasión la saga que el periódico literario parisino *El Eco de París* propone a sus lectores: *Allá lejos* (1891), la última novela de Huysmans.[16] En esta época, La Habana era una ciudad extremadamente conectada, donde las principales publicaciones literarias francesas se recibían periódicamente. Así, para entrar en contacto con el pintor francés, Casal tejió un largo hilo

de sus cuadros. El Museo Gustave Moreau en París y el Museo Thyssen-Bornemisza en Madrid afirmaron a los autores que ninguna de las copias de Galatea se encontraba en España en el momento del viaje de Casal a este país (finales de 1888-inicios de 1889). Esto nos hace suponer que Casal debió haber visto una reproducción en España, aunque no sepamos si se trataba de una copia en blanco y negro o coloreada.

14 Del Casal, Julián. Carta a Gustave Moreau del 11 d agosto de 1891, publicada en esta edición, traducción de Roger Herrera.

15 Huysmans, J. K. (1883): *El Arte Moderno*, op. cit. pág. 139.

16 *El Eco de París* comenzó a publicar *Allá lejos* por capítulos el 16 de febrero de 1891. La publicación se dividió en 58 apariciones, hasta el 20 de abril del mismo año. Huysmans comienza a colaborar con este periódico como cronista a partir de 1897. Ver *Bulletin de la Société*, J. K. Huysmans, n.° 5, août 1931, pág. 148

de Ariadna que le permitiría salir de su laberinto. Como Moreau parecía ser bastante inaccesible en una forma directa, Casal se dijo que lo mejor era enviar la carta a un amigo del pintor, y como Huysmans hablaba con tanta familiaridad de éste, ambos debían conocerse bien, pensó el poeta.[17] Él sería pues el destinatario de la primera misiva de Casal para el pintor francés. Restaba encontrar la dirección de Huysmans. Para ello, Casal decide tomarse por ejemplo: con el fin de evitar la pérdida de su propio correo, él pedía a sus amigos que le enviaran las cartas al periódico donde trabajaba (*La Discusión, La Habana Elegante, El País...*). Él no tenía la certeza de que Huysmans colaborase con un periódico, pero como algunos meses antes *El Eco de París* había publicado la última novela del escritor, y Casal poseía la dirección del periódico, los editores del mismo le podrían hacer llegar la carta. Así pues, su primera carta parte el 11 de agosto de 1891 destinada al:

Señor Gustavo Moreau
A la amable atención del Señor Joris Karl Huysmans
Redacción de «El Eco de París»
16 rue du Croissant, París, Francia

Esta botella lanzada a la mar en el vapor francés llega a la dirección del periódico parisino. De allí parte al 11 rue de Sèvres, la casa de Huysmans, quien la reenvía al 14 rue de la Rochefoucauld, donde vive su destinatario final.

En su primera misiva, Casal envía a Moreau los tres sonetos que había compuesto «frente a grabados de esas obras maestras: Elena, Salomé y Galatea».[18] Le pide disculpas por no poder componer un homenaje más digno y le anuncia que en el invierno de 1891, pretende publicar su segundo volumen de versos «cuya tercera parte llevará por título: *Mi museo ideal* (Cuadros de Gustavo Moreau)».[19] Le dice que espera para ponerse a trabajar «la llegada de copias de los cuadros *La*

17 Moreau y Huysmans se conocían solamente a través de sus obras. La primera carta del pintor al escritor data del 4 de octubre de 1891 y es impulsada por esta iniciativa de Julián del Casal.

18 Del Casal, Julián. Carta citada.

19 *Ibidem*.

Aparición, *Una Peri*, *Faetón*, *Hércules ante la Hidra*»[20] y otras más que ha solicitado a París. Se excusa por la imperfección de su francés, ya que no habla dicha lengua, solo la traduce; no obstante, no quería que nadie más competente en este idioma escribiese la carta por él. Se despide confesando toda su admiración y dándole su dirección postal.

Cuatro días después, el 15 de agosto de 1891, y sin tener la seguridad de la llegada a buen puerto de la primera carta, Casal lanza otra botella a la mar. Acababa de recibir su pedido parisino: 14 copias fotográficas de cuadros de Gustavo Moreau. Casal redacta esta carta en español utilizando el «vos», algo muy raro en su correspondencia, donde incluso a las personas que él escribía por primera vez las llama «usted». Como las copias no traían título, Casal confiesa que solo reconoce con seguridad tres: *La Aparición*, *Hércules y la Hidra de Lerna* y *Prometeo*. Entre las once restantes, reconoce el tema de ocho: *La Quimera*, *La Muerte de las Estinfálidas*, *Una Venus*, *La Vuelta de Europa*, *Los Caballos de Diomedes*, *El Nacimiento de Venus*, *Una Peri* y *Perseo y Andrómeda;*[21] este último cuadro había inspirado al poeta franco-cubano José María de Heredia el soneto de igual nombre. Le quedan pues tres imágenes sin identificar; sin embargo, está seguro de que no se trata de esas que espera con impaciencia: *El Joven y la Muerte*, *David* y *Faetón*. Pide a Moreau que le ayude a confirmar sus suposiciones, para poder así «dedicar sonetos a aquellos cuadros vuestros que yo alcance a comprender».[22]

Casal está tan eufórico con las copias de los cuadros, que no espera la respuesta de Moreau para componer sus versos. Así, en la última edición del mes de agosto de *La Habana Elegante*, aparecen los diez sonetos que conforman *Mi museo ideal*. Como ya había anunciado en su carta del 15 de agosto, Casal dedica un poema a cada cuadro identificado. Había afirmado reconocer once cuadros; no obstante, compone solo siete nuevos poemas. Además de incluir en *Mi museo ideal* los sonetos publicados con anterioridad —*Salomé*, *Elena* y *Galatea*—, Casal dedica otras tres composiciones a los cuadros que reconoce con certeza: *La Aparición*, *Hércules y la Hidra de Lerna* y *Prometeo*. Le

20 *Ibidem*.
21 Del Casal, Julián. *Carta a Gustave Moreau* del 15 de agosto de 1891, publicada en esta edición.
22 *Ibidem*.

quedan los ocho cuadros de los que reconoce el tema y otros tres que no podrá identificar.

Entre los ocho primeros, elimina *Perseo y Andrómeda*, pues de Heredia lo había celebrado ya y como él mismo confesará a Moreau más tarde, los versos del poeta franco-cubano le sirvieron de modelo para *Mi museo ideal.* Decide eliminar también los *Caballos de Diomedes*, ya fuera porque el cuadro era muy sangriento o porque el tema rompía la armonía de su selección poética. Alaba el *Rapto de Europa.* Prefiere la *Peri*, divinidad cándida y frágil de la lejana Persia, a la *Quimera*, peligroso símbolo de los deseos irrealizables. Decide que ensalzar una sola Venus es suficiente; no obstante, repite la presencia de Hércules, pues «al revés de lo que imagina la fantasía burguesa, vuestros Hércules son fuertes, pero *bellos* (...)»,[23] esta última palabra subrayada en la carta original.

Casal incluye en *Mi museo ideal* diez sonetos de una simetría perfecta que aparecen en una página entera de *La Habana Elegante.* Sin embargo, no logró obtener los otros cuadros de los que había escuchado hablar y que lo obsesionaban intensamente: *David*, el rey sabio y ejemplar, que conoció el pecado bajo la influencia maligna de Betsabé; *Faetón*, indomable y obstinado como él; y *El Joven y la Muerte*, cuadro concebido por Moreau en homenaje a su gran amigo muerto Théodore Chassériau, pero casi predestinado para el joven cubano. Dedica los poemas de *Mi museo ideal* a su buen amigo Eduardo Rosell, y cita a manera de introducción una estrofa del poema *Prólogo* que abre los *Juegos Divinos* (1880) de Joséphin Soulary:[24]

> Pour nous, fils de l'Art, rien ne vaut
> Le mythe et sa légende rose ;
> Nous mourons de la vie en prose
> Où le merveilleux fait défaut.[25]

23 *Ibidem.*

24 Joséphin Soulary (Lyon 1815-1891). Poeta lionés alabado por Baudelaire y Sainte-Beuve, sus obras melancólicas y desencantadas son editadas en tres volúmenes por Aplhonse-Pierre Lemerre en 1887.

25 En Del Casal, Julián. *Mi museo ideal. La Habana Elegante*, Año IX, n.° 31, 30 de agosto de 1891. El poema, en español (traducción de los autores): «Para nosotros, hijos del Arte, nada vale/ el mito y su leyenda rosa;/ nosotros morimos de la vida en prosa/ donde lo maravilloso está ausente».

En un texto sobre la escritora cubana Aurelia Castillo, Casal afirma que Soulary estaba entre los mejores poetas europeos:

> (...) sus obras reflejan, como en un bruñido espejo, el malestar permanente, el escepticismo profundo, la amargura intensa, las aspiraciones indefinidas y el pesimismo sombrío, frutos amargos y ponzoñosos extraídos del fondo de sus almas, a fuerza de sufrimientos, de estudio, de análisis y de investigaciones que envenenan la atmósfera y les inoculan el asco de la vida, haciendo volver el pensamiento a esos seres morfinados de ideal hacia los espacios siderales del ensueño o hacia los campos remotos de las edades grandiosas, lejanas y desaparecidas.[26]

Estos diez sonetos publicados en el semanario habanero, los cuales serán incluidos sin grandes modificaciones en el segundo volumen de versos de Casal, resumen los fantasmas y el imaginario del joven poeta cubano: la exaltación de la magnificencia masculina con sus virtudes de coraje, justicia y estoicismo en figuras como Hércules o Prometeo; la perversión de la mujer terrestre, símbolo de todos los vicios, seductora, destructora y cruel —Salomé o Elena— en oposición a la pureza de la fémina divina, cándida, virginal —Venus, la Peri—, inalcanzable para los hombres como él, delicados y tristes; y la combinación de estos dos polos, la fuerza sobrehumana masculina como la de Zeus o Polifemo que somete al embrujo pérfido de la mujer —Galatea, Europa—. Todo ello bañado en una atmósfera de perfumes de otras edades, alejadas del siglo democrático e industrial en el que el poeta vive.

Quince días después de la publicación, el correo le trae la primera carta de Gustavo Moreau. Una misiva extremadamente correcta y gentil en la que el pintor expresa sus agradecimientos cordiales, pero no da ninguna respuesta a las preguntas de Casal. Esto no nos debe asombrar: Moreau no hablaba la lengua de Casal y no podía pues comprender las peticiones de la segunda carta del joven cubano.

26 Esta descripción que Casal hace de los nuevos poetas de Europa, entre ellos Soulary, es muy cercana a la que hará de Moreau en su soneto *Vestíbulo*: Julián del Casal, *Libros nuevos*, *La Discusión*, 6 de junio de 1890, en *Prosas*, Edición del Centenario, La Habana, Consejo Nacional de Cultura, 1963, volumen 2, pág. 145.

El 16 de septiembre, Casal envía, otra vez por la vía de Huysmans y de *El Eco de París*, su respuesta a Moreau: una carta pasional donde le confiesa su amor eterno y su imperecedero afecto, mediante frases en un francés refinado cuya sintaxis revela un conocimiento extremadamente profundo de este idioma. Mas Casal no ha progresado tanto en tan poco tiempo en la lengua de Molière. Un mes antes, había recibido una carta de su amigo Edouard Cornélius Price, poeta cubano radicado en Francia, cuyas frases son retomadas, reutilizadas, recombinadas en ese pastiche sentimental que es la tercera carta de Casal a Moreau.[27] Este acto postmoderno corresponde totalmente a un poeta que recibe a sus amigos, bajo el sol de La Habana, en kimono japonés para tomar el té en su minúsculo cuarto decorado con imágenes de sus lejanas adoraciones.

Junto a la carta, Casal envía a Moreau el número de *La Habana Elegante* del 30 de agosto de 1891, donde aparecen los diez sonetos de *Mi museo ideal*, y manda además una fotografía suya, explicando que si osa hacerlo es porque está «herido de muerte por una enfermedad cardíaca que me conduce muy joven a la tumba»[28] y que no tiene la esperanza de poder conocer al pintor. Mas él no escoge cualquier fotografía. Como su admiración es desbordante, Casal va a ver a un fotógrafo famoso de la calle O'Reilly de La Habana, no para que tome un retrato de él, sino para que retrate la pintura al óleo que de él hiciera su amigo pintor Armando Menocal.[29]

Para esta prueba de afecto, Casal no puede tomar el riesgo de que la fotografía sea un fiasco. Es por ello que escoge fotografiar el cuadro, hecho también con amor, donde se le ve bello, digno, elegante. Los tonos sepia de la foto nos muestran a un joven de cabello oscuro, con la mirada triste pero punzante, iluminada por la claridad de sus grandes ojos verdes. La boca fina, la nariz aguileña, el mentón redondo y potente. Un joven vestido cabalmente a la moda de su época: bigote amplio y rebelde, traje tres piezas, camisa de cuello alto y un gran lazo negro que cae sobre el blanco pecho, cual una mariposa bruja que se

27 Ver Del Casal, Julián, *Epistolario*, op cit. Carta de Edourd Cornélius Price del 7 de agosto de 1891, pág. 106.

28 Del Casal, Julián. Carta a Gustave Moreau del 16 de septiembre de 1891, publicada en esta edición (traducción de Roger Herrera).

29 El cuadro original forma parte de la colección del Museo de Bellas Artes de La Habana.

hubiese posado en su garganta para anunciarle una muerte prematura. Al dorso de la foto, una dedicatoria traduce su amor sincero:

> A Gustavo Moreau, al maestro venerable e impecable, como testimonio de profunda admiración y de reconocimiento infinito, este retrato le está respetuosamente dedicado, por su ferviente y obscuro admirador, Julián del Casal.

Un mes después, el 16 de octubre, Moreau le responde sinceramente conmovido por el envío de la fotografía y de los diez sonetos, que le son traducidos por un amigo poeta.[30] El pintor comienza a comprender que Casal es un admirador particular y sincero y le confiesa sentirse confundido frente a la expresión de su gran pasión. Este último comentario dispersa a Casal y en cuanto recibe la respuesta de Moreau, toma la pluma y redacta una carta muy personal, sin huella de pastiche, pero aún más apasionada que la anterior. El poeta le confiesa que lo ama con un amor «casi divino y muy poco humano», que lo ama «como se ama un sueño» y que lo venera «como se venera a un dios».[31] En esa ocasión le envía también un poema de admiración, que nunca ha sido encontrado, y le describe un largo poema que está preparando y que será una especie de apoteosis del pintor.

Aunque Casal indica a Moreau que su pretensión no es establecer una correspondencia regular, aprovecha cada ocasión propicia para redactar una carta. Así, el 15 de diciembre de 1891, toma nuevamente su pluma para enviar a Moreau el poema *Sueño de Gloria*, que le había descrito en la misiva anterior, junto al soneto *Vestíbulo*, ambos inéditos. Casal publicará el primero en *La Habana Literaria*[32] del 30 de diciembre de 1891 y el segundo en *El Fígaro* del 15 de enero de 1892, bajo el título de *Gustavo Moreau*. Pide disculpas por las inexactitudes

30 Las traducciones de las que Moreau habla no han sido nunca encontradas. Los especialistas del Museo Gustave Moreau suponen que fueron hechas oralmente.

31 Del Casal, Julián. Carta a Gustave Moreau del 1 de noviembre de 1891, publicada en esta edición (traducción de Roger Herrera).

32 *La Habana Elegante* se había fusionado con *La América* en el verano de 1891, bajo el nombre de *La Habana Literaria*. En 1893, Hernández Miyares, director de esta nueva revista desde 1892, decide relanzar *La Habana Elegante* como continuación de la revista que había cesado dos años antes. A mediados de 1893, *La Habana Literaria* desaparece, mientras que *La Habana Elegante* durará, en versión impresa, hasta 1896.

de este retrato en versos, pues él no ha visto nunca una imagen del pintor. No obstante, el poema tiene un fuerte parecido con la descripción que Huysmans hace de Moreau en *El Arte Moderno*: «El señor Gustavo Moreau es un artista extraordinario, único. (...) Abismado en el éxtasis, ve resplandecer las feéricas visiones, las sangrientas apoteosis de otras edades».[33]

El intercambio continúa: Moreau responde cortésmente a finales de enero de 1892 indicando su dirección, para no continuar molestando al intermediario Huysmans, y Casal, que ve en este gesto una prueba de profundo afecto, aprovecha para enviarle una carta desbordante de emoción. A pesar de su sinceridad, Casal teme siempre molestar a su «idolatrado maestro»,[34] que puede tomarlo por un admirador obsesivo y fanático. Es por ello que Casal busca ocasiones casi solemnes para justificar la escritura de una nueva carta.

El 5 de marzo de 1892, Casal escribe a Moreau para presentarle a su amigo Edouard Cornélius Price, a quien había pedido que fuera a visitar al pintor para obtener noticias de su estado de salud. Price, quien vivía entre París y Burdeos, hará esta visita a finales del mes de junio. Sin ninguna nueva noticia, Casal escribe a Moreau el 16 de marzo, para pedirle que transmita a Huysmans un artículo que el poeta había escrito en *La Habana Literaria* del día anterior. Él hubiera podido mandarlo directamente al *Eco de París*, como había hecho hasta ahora, pero no podía perder esta excusa para redactar algunas palabras de adoración a su «muy-idolatrado maestro».[35]

La próxima oportunidad le llega en el mes de abril con la publicación de su nuevo poemario *Nieve*: «nieve de Cuba, nieve morena», como dirá más tarde Verlaine.[36] Casal envía cuatro ejemplares del libro y pide al pintor que guarde uno para él, y que entregue los otros a Huysmans, de Heredia y Verlaine si lo visitan algún día. Pareciera ser que Moreau realizó esta petición, pues el museo que lleva su nombre en París solo guarda el ejemplar dedicado al poeta y aquel destinado a de Heredia.

33 Huysmans, J. K. (1883). *El Arte Moderno*. op. cit., pág. 139.

34 Del Casal, Julián. Carta citada.

35 *Ibidem*.

36 En una carta de abril de 1893, Enrique Gómez Carillo cuenta a Casal las impresiones de Paul Verlaine sobre *Nieve*. Ver Julián del Casal. *Epistolario*, op. cit. pág. 80.

El 5 de junio de 1892, aún sin noticias de la visita de Price a Moreau, Casal escribe al pintor para decirle que, a pesar de su silencio, él no lo olvida y que piensa en él y en sus divinas creaciones a menudo, especialmente en su Jasón —que había inspirado a de Heredia—, del cual confiesa estar perdidamente enamorado, con un amor de artista, que quizás Moreau ha sentido también; y no agrega nada más por temor a perderse... Le agradece por haber transmitido su artículo a Huysmans, del cual había recibido una carta de agradecimiento a finales de abril.

Sin embargo, desde el 31 de enero Moreau permanece en silencio. Aunque había cumplido las peticiones del poeta, no le había dirigido una sola carta en cinco meses. Casal vive este tiempo en el ansia y la desesperación. Una carta de Moreau, con fecha del 29 de julio de 1892, viene a calmar su «negro pesar».[37] El pintor se disculpa por su silencio y confiesa que se siente muy débil por causa de una enfermedad, pero a la vez desbordado por sus clases en la escuela de Bellas Artes. Le cuenta sobre su encuentro con Price —del cual Casal ya había tenido noticias, por una carta de éste de inicios de mes—, que califica de hombre encantador, simple, natural, con una inteligencia exquisita. Le dice que, a pesar de su silencio, también piensa mucho en él, y que siente que ahora lo conoce mejor, gracias a la visita de Price. Le recomienda que se cuide, ya que los espíritus delicados y sensibles como el suyo necesitan, más que los otros, la fuerza y la salud. Se despide, y en el borde de la carta, le confiesa que no puede mandarle una fotografía suya, ya que nunca se ha hecho una foto.[38] Casal responde a esta carta con todo su amor, ternura y veneración.

Seis largos meses pasan, durante los cuales Casal no encuentra ningún pretexto bastante importante para escribir a Moreau. Con la llegada del nuevo año, Casal toma su pluma y aprovecha la ocasión para enviar, el 1ro de enero, sus mejores deseos al pintor para el año 1893; y anunciarle que quizás vaya a París muy pronto, para encontrarlo y escribir un libro sobre su vida.

37 Del Casal, Julián. Carta a Gustave Moreau del 19 de agosto de 1892 (traducción de Roger Herrera).

38 Los especialistas del Museo Gustave Moreau afirman que el pintor no ofrecía casi nunca sus fotografías y que impedía que las pocas existentes fueran publicadas en la prensa.

A finales de enero, Price escribe a Casal para contarle sobre su nueva visita a la casa del pintor y decirle que éste se encuentra muy enfermo. Mas el poeta está también muy enfermo y, aunque sigue trabajando y escribiendo a sus amigos, sufre a menudo de esa «enfermedad cardíaca que me conduce muy joven a la tumba».[39]

En el verano de 1893, el doctor le indica que tiene un tumor benigno en el pulmón, lo que le provoca recurrentes ataques de asfixia y le hace escupir sangre a menudo. Hernández Miyares, viéndolo tan frágil, le pide que se concentre en su tercer volumen de versos, que había comenzado a preparar meses antes.

El 1 de octubre, Casal sufre un una recaída muy fuerte y *La Habana Elegante* anuncia a sus lectores que el poeta está en convalecencia por un cierto período. El día 7, Casal escribe a su amigo el poeta nicaragüense Rubén Darío:

> Mi inolvidable Rubén:
> Si ha caído en tus manos, por casualidad, algún periódico cubano de estos últimos tiempos, te habrás enterado de que me encuentro muy enfermo, tan enfermo que, desde julio a la fecha, *he recibido dos veces los santos sacramentos*.
> Ahora estoy mejor, pero sin esperanzas de curación, porque ningún médico conoce mi enfermedad. Todos aseguran (me han visto los mejores de aquí, donde los hay muy buenos) que es un mal oscuro y misterioso, desconocido por ellos... Te escribo estos renglones para demostrarte que, aun al borde de la tumba, a donde pronto me iré a dormir, te quiero y te admiro cada día más (...)[40]

El 21 de octubre de 1893, Casal pasa la tarde en casa de su amiga Magdalena Peñarredonda, que hacía estancia en la casa señorial del doctor Lucas de los Santos Lamadrid, en la avenida habanera del Prado. Al llegar la noche, Lamadrid lo invita a quedarse para cenar. Al final de la cena, todos siguen haciendo sobremesa, contando historias, fumando. Casal, siempre triste, siempre melancólico, comienza

39 Del Casal, Julián. Carta a Gustave Moreau del 16 de septiembre de 1891 (traducción de Roger Herrera).

40 Los fragmentos de esta carta fueron publicados por Rubén Darío en su artículo *Julián del Casal* en *La Habana Elegante*, el 17 de junio de 1894.

a contar una historia simpática que le provocará un fuerte ataque de risa, que el poeta parecería haber decidido no detener, como si supiera y él mismo escogiera el momento de decir adiós. Los testigos de la escena cuentan que una gota de sangre salió de la boca del poeta, y éste, apenado, tomó su pañuelo para limpiarse cuando de repente un torrente de sangre se avalanchó sobre la mesa provocando el terror de los comensales, y dejando sin vida al joven Casal.

Una pasión contemporánea

Desde su muerte, la figura de Casal ha interesado a muchos intelectuales cubanos. Alabado por sus amigos y sus pares de finales del siglo XIX, la posteridad de Casal coincidió con la instalación del culto a José Martí a inicios del siglo XX. Como escritores contemporáneos y figuras esenciales de la literatura cubana ambos tuvieron una fuerte influencia en el modernismo literario en América Latina. No obstante, la figura martiana se impone cuando incorpora a su haber el mérito de la organización política de la segunda guerra de independencia de Cuba. Los manuales del siglo XX hicieron de Martí la figura insigne del hombre moderno: estratega político, patriota fervoroso, intelectual brillante y poeta. La expansión de su culto como héroe subrayó su carácter polivalente y favoreció la difusión de su poesía a diferencia de otros poetas cubanos finiseculares que quedaron relegados al olvido.

La difusión de la obra de Casal sufrió profundamente dentro de este proceso de reconstrucción de la identidad nacional durante la postindependencia. Su poesía era demasiado extranjera para la realidad del país: ninguna incitación al combate, a la revuelta, a la independencia; solo versos evasivos y quiméricos difíciles de encumbrar en el panteón de la nueva nación. Habrá que esperar hasta 1945 para que el primer volumen de su poesía completa aparezca. Esta publicación será complementada con su prosa completa en la edición del centenario, en 1963, luego de la toma de poder por los revolucionarios cubanos en 1959.

Los escritos de Casal han influenciado cada generación de intelectuales en Cuba: desde Dulce María Loynaz hasta Lezama Lima, desde

Virgilio Piñera hasta Cintio Vitier, desde Abilio Estévez hasta Francisco Morán. Un momento esencial en la difusión de la producción casaliana es la publicación en 1976 de la edición crítica de su poesía completa por el profesor estadounidense Robert Jay Glickman, el mismo que en 1972 publicara por primera vez las doce cartas de Casal a Gustave Moreau.[41]

A pesar de los años, su poesía guarda un sentido contemporáneo. Casal fue uno de los primeros en cantar la opresión que genera la insularidad, ese sentimiento que tan bien describiera Virgilio Piñera en *La isla en peso* (1943). La generación de fines del siglo XX no escapa tampoco al fantasma casaliano. Fue Casal quien nos enseñó a llenar nuestro vacío cotidiano con las imágenes de universos lejanos, para escapar a la visión del agua que nos circunda y nos aprisiona, en esa isla soleada donde partir ha sido siempre una quimera. André Breton decía que la pintura de Moreau había condicionado su manera de amar. Para muchos jóvenes de mi generación, Casal nos inculcó la esperanza y nos enseñó a soñar. Casal cantó el pesimismo que planeaba sobre Cuba, en el momento en que el país entraba en la modernidad. Ese pesimismo nunca nos ha abandonado: vive en las sonrisas cotidianas, se transmite de generación en generación y nos transforma en hombres tristes que dan la impresión de estar siempre bailando. Mas Casal nos regaló también la ilusión, la ilusión de vivir soñando con otros mundos que se encuentran más allá de nuestras fronteras físicas y mentales.

Cuba ha sabido reconciliarse con Casal y aunque aún no tenga el puesto que le corresponde en el panteón literario de la isla, su poesía se enseña en las escuelas y su nombre aparece a menudo en numerosas publicaciones digitales. Su obra es editada en Cuba, pero también en España y en otros países de América Latina.

El propósito de este libro es compilar por primera vez todos los elementos que conforman la relación de Casal con Gustave Moreau: las cartas que ambos intercambiaron y los poemas de *Mi museo ideal*.

Para la traducción de las cartas al español, el modelo tomado fue el de la segunda carta a Moreau, que Casal redacta en su lengua materna, a diferencia de las otras. El trabajo de traducción fue en extremo

41 Glickman, Robert J., *Julián del Casal: Letters to Gustave Moreau*. Revista Hispánica Moderna. Año 37. No. 1-2. (1972/1973), págs. 101-135.

complicado, ya que se trataba de llevar a la lengua materna del poeta una idea concebida en esa lengua, pero plasmada en francés. Encontrar el fondo de la idea española detrás del velo satinado de su impuro francés, respetando además el estilo del maestro, fue un gran reto.

Las cartas fueron consultadas directamente en el Museo Gustave Moreau en París y la transcripción hecha a partir de los originales. En la transcripción de las cartas decidimos mantener los errores de sintaxis y de ortografía en francés que denotan el origen hispánico del pensamiento de Casal. Las cartas de Moreau y la de Huysmans son transcritas del Epistolario compilado por Leonardo Sarría en la edición de 2017. En cuanto a los poemas, la transcripción que presentamos es la de la edición original de *Nieve*.[42]

Casal hizo solo un viaje a Europa, a finales de 1888, haciendo estancia en Madrid y con intenciones de llegar a París. El dinero que tenía para muchos meses lo gastó en unas cuantas semanas. Viéndose obligado a regresar «en el sollado del vapor, junto con los jornaleros malolientes, tejiéndole la coleta a un torero en cambio de pitillos».[43] Este libro lo trae nuevamente a Europa, primero a Francia, donde se publicara en 2019 y ahora a España, para compartir con el público europeo un fragmento de ese sueño que sobrepasa las fronteras y que nos enseña que en todas las épocas y a pesar de la distancia, el amor sale siempre vencedor.

Roger Herrera G.

42 Del Casal, Julián, *Nieve*, Imprenta La Moderna, La Habana, 1892.

43 Hernández Miyares, E., Julián del Casal. *La Habana Elegante*, 29 de octubre de 1893.

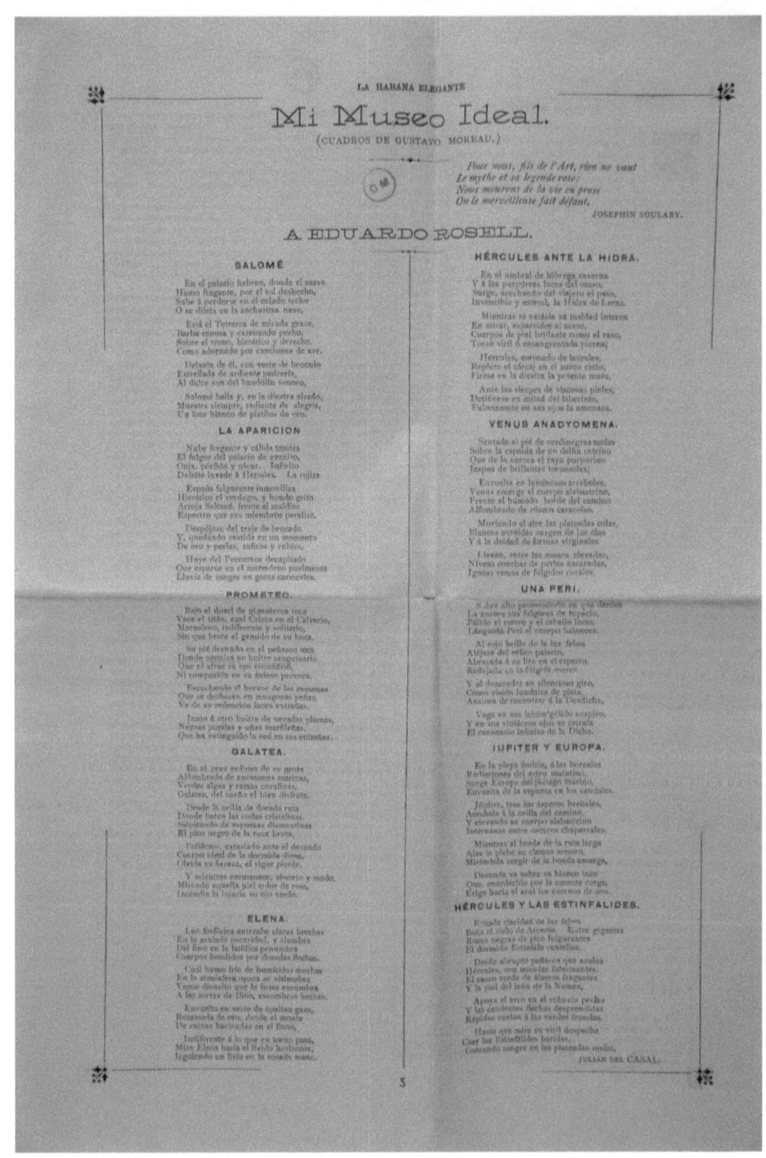

LA HABANA ELEGANTE

Mi Museo Ideal.

(CUADROS DE GUSTAVO MOREAU.)

Pour nous, fils de l'Art, rien ne vaut
Le mythe et sa legende rose;
Nous mourons de la vie en prose
Ou le merveilleuse fait défaut.

JOSEPHIN SOULARY.

A EDUARDO ROSELL.

SALOMÉ

En el palacio hebreo, donde el suave
Humo fragante, por el sol deshecho,
Sube á perderse en el calado techo
O se dilata en la anchurosa nave,

Está el Tetrarca de mirada grave,
Barba canosa y extenuado pecho,
Sobre el trono, hierático y derecho,
Como adormido por canciones de ave.

Delante de él, con veste de brocado
Estrellada de ardiente pedrería,
Al dulce son del bandolín sonoro,

Salomé baila y, en la diestra alzado,
Muestra siempre, radiante de alegría,
Un loto blanco de pistilos de oro.

LA APARICION

Nube fragante y cálida tamiza
El fulgor del palacio de granito,
Onix, pórfido y nácar. Infinito
Deleite invade á Herodes. La rojiza

Espada fulgurante inmoviliza
Hierático el verdugo, y hondo grito
Arroja Salomé, frente al maldito
Espectro que sus miembros paraliza.

Despójase del traje de brocado
Y, quedando vestida en un momento
De oro y perlas, zafiros y rubíes,

Huye del Precursor decapitado
Que esparce en el marmóreo pavimento
Lluvia de sangre en gotas carmesíes.

PROMETEO.

Bajo el dosel de gigantesca roca
Yace el titán, cual Cristo en el Calvario,
Marmóreo, indiferente y solitario,
Sin que brote el gemido de su boca.

Su pié desnudo en el peñasco toca,
Donde agoniza un buitre sanguinario
Que ni atrae su ojo visionario,
Ni compasión en su ánimo provoca.

Escuchando el hervor de las espumas
Que se deshacen en musgosas peñas,
Ve de su redención luces extrañas,

Junto á otro buitre de nevadas plumas,
Negras pupilas y uñas marfileñas
Que ha extinguido la sed en sus entrañas.

GALATEA.

En el azul [illegible] de su gruta
Alfombrada de anémonas marinas,
Verdes algas y ramas coralinas,
Galatea, del sueño el bien disfruta.

Desde la orilla de dorada ruta
Donde baten las ondas cristalinas,
Salpicando de espumas diamantinas
El pico negro de la roca bruta,

Polifemo, extasiado ante el desnudo
Cuerpo ideal de la dormida diosa,
Olvida su fiereza, el vigor pierde,

Y mientras permanece, absorto y mudo,
Mirando aquella piel color de rosa,
Incendia la lujuria su ojo verde.

ELENA.

Luz fosfórica entreabre claras brechas
En la azulada oscuridad, y alumbra
Del foso en la fatídica penumbra
Cuerpos tumbados por doradas flechas.

Cual humo frío de homicidas mechas
En la atmósfera opaca se vislumbra
Vapor disuelto que la brisa encumbra
A las torres de Ilión, escombros hechas.

Envuelta en veste de opalina gasa,
Recamada de oro, desde el monte
De ruinas hacinadas en el llano,

Indiferente á lo que en torno pasa,
Mira Elena hacia el lívido horizonte,
Irguiendo un lirio en la rosada mano.

HÉRCULES ANTE LA HIDRA.

En el umbral de lóbrega caverna
Y á las purpúreas luces del ocaso,
Surge, acechando del viajero el paso,
Invencible y mortal, la Hidra de Lerna.

Mientras se extásia su maldad interna
En mirar, esparcidos al acaso,
Cuerpos de piel brillante como el raso,
Torso viril ó ensangrentada pierna;

Hércules, coronado de laureles,
Repleto el carcaj en el áureo cinto,
Firme en la diestra la potente maza,

Ante las sierpes de viscosas pieles,
Detiénese en mitad del laberinto,
Fulminando en sus ojos la amenaza.

VENUS ANADYOMENA.

Sentada al pié de verdinegras moles
Sobre la [illegible] de un delfín cetrino
Que de la aurora el rayo purpurino
Jaspea de brillantes tornasoles;

Envuelta en luminosos arreboles,
Venus emerge el cuerpo alabastrino,
Frente al húmedo borde del camino
Alfombrado de róseos caracoles.

Moviendo al aire las plateadas colas,
Blancas nereidas surgen de las olas
Y á la deidad de formas virginales

Llevan, entre las manos elevadas,
Níveas conchas de perlas nacaradas,
Ígneas ramas de fúlgidos corales.

UNA PERI.

Sobre alto promontorio en que dardea
La aurora sus fulgores de topacio,
Pálido el rostro y el cabello lacio,
Lánguida Peri el cuerpo balancea.

Al rojo brillo de la luz febea
Aléjase del célico palacio,
Abrazada á su lira en el espacio,
Reflejada en la fúlgida marea.

Y al descender en silencioso giro,
Como visión lunática de plata,
Ansiosa de encontrar á la Desdicha,

Vaga en sus labios gélido suspiro,
Y en sus violáceos ojos se retrata
El cansancio infinito de la Dicha.

JUPITER Y EUROPA.

En la playa fenicia, á las boreales
Radiaciones del astro matutino,
Surge Europa del piélago marino,
Envuelta de la espuma en los cendales.

Júpiter, tras los ásperos breñales,
Acéchala á la orilla del camino,
Y elevando su cuerpo alabastrino
Intérnanse entre oscuros chaparrales.

Mientras al borde de la ruta larga
Alza la plebe su clamor sonoro,
Mirándola surgir de la honda amarga,

Desnuda va sobre su blanco toro
Que, enardecido por la amante carga,
Erige hacia el azul los cuernos de oro.

HÉRCULES Y LAS ESTINFALIDES.

Rosada claridad de luz febea
Baña el cielo de Arcadia. Entre gigantes
Rocas negras de picos fulgurantes
El dormido Estinfalo centellea.

Desde abrupto peñasco que azulea
Hércules, con miradas fulminantes,
El casco verde de álamos fragantes
Y la piel del león de la Nemea,

Apoya el arco en el robusto pecho
Y las candentes flechas desprendidas
Rápidas vuelan á las verdes frondas,

Hasta que mira su viril despecho
Caer las Estinfálides heridas,
Goteando sangre en las plateadas ondas.

JULIÁN DEL CASAL.

5

La Habana Elegante del 30/08/1891. Año IX N° 31. *Mi museo ideal*. París, Museo Gustave Moreau. Fotografía © Ferrante Ferranti

Correspondencia cruzada

Ladislas Chodzkiewicz (1813-?). *Retrato de Gustave Moreau en 1852*. Fotografía sobre papel a la sal. París, Museo Gustave Moreau. Fotografía © Ferrante Ferranti.

Ignacio Misa (s.f). Fotografía de un retrato al óleo de Julián del Casal sobre 1890, de Armando Menocal (1863-1942). París, Museo Gustave Moreau. Fotografía © Ferrante Ferranti.

La Havanne, le 11 Août 1891

M. Gustave Moreau

Très-adorè maître :

Quoique je n'ai pas le bonheur de vous connaître que par des copies de vos divins tableaux, j'ose vous écrire pour vous envoyer les adjoints sonnets qui j'ai composé après des gravures de ces chefs d'œuvres : *Héléne*, *Salomé* et *Galateé*

Je sais bien, très-vénérè maître, qui je n'ai pas reussi à rendre la sublime, troublant et inexprimable beauté de votres adorèes figures ; mais je rêve aussi qui vous vous daignerez accueillir ces trois sonnets, avec la bontè genereuse des grandes âmes, comme un temoignage pauvre, mais le seul possible, de ma Muse à votre genie sans égal, parce qu'il est le plus philosophique, etant a la fois celui de le plus pur artiste qu'a rayonne sur l'humanitè.

Dans le 'hiver prochain, je songe a publier mon second volume de vers, dont la troisième partie portera ce titre : *Mon Musèe Ydeel* (*Tableaux de Gustave Moreau*). Tout'elle sera dediè a la glorification de vos incomparables ouvrages. J'attends, pour me metre à l›œuvre, l'arrivée de des copies de *L'Apparition*, *Une Peri*, *Phaeton*, *Hercules devant l'Hydre* et tout le reste qui deja j'ai demandeè à Paris. Aussîtot que mon livre serai imprimè, le premier exemplaire on vous serà reservè et envoyeè tout de suite.

Je vous supplie très-humblement qui vous vous daignerez me pardonner les fautes de cette lettre, puisque je ne sais pas que traduire le francais à l'espagnol et je n'ai pas voulu me faire ècrire, par personne, cettes lignèes.

J'attends aussi qui vous me feriez l'honneur de croîre qui vous avez en moi, quoique je sois très loin de Paris, le plus obscur et le plus petit, mais le plus fervent, le plus sincere, le plus fidèle et le plus loyal de vos admirateurs et de vos serviteurs

Julián del Casal

Ysla de Cuba
Redacción de «El Pais»
Teniente-Rey 39
Habana

La Habana,[44] 11 de agosto de 1891

Sr. Gustavo Moreau

Muy-adorado maestro:[45]

Aunque no tengo la dicha de conoceros sino por copias de vuestros divinos cuadros, me tomo el atrevimiento de escribiros para enviaros los sonetos adjuntos que he compuesto ante gravados de estas obras maestras: *Elena*, *Salomé* y *Galatea*.

Bien sé, muy-venerado[46] maestro, que no he logrado traducir la sublime, desconcertante e inexpresable belleza de vuestras adoradas figuras; pero sueño también con que os dignaréis a aceptar estos tres sonetos, con la bondad generosa de las grandes almas, como un testimonio pobre, pero el único posible, de mi Musa hacia vuestro genio sin igual, ya que es el más filosófico, siendo a la vez el del más puro artista que ha irradiado sobre la humanidad.

En el invierno próximo, pretendo publicar mi segundo volumen de versos, cuya tercera parte llevará por título: *Mi museo ideal (Cuadros de Gustavo Moreau)*. Toda ella estará dedicada a la glorificación de vuestras incomparables obras. Espero, para ponerme a trabajar, la llegada de copias de *La Aparición*, *Una Peri*, *Faetón*, *Hércules ante la Hidra* y todo el resto que ya he mandado a pedir a París. Tan pronto mi libro esté impreso, os reservaré y enviaré el primer ejemplar de inmediato.

Os suplico muy-humildemente que os dignéis perdonarme los errores de esta carta, ya que solo sé traducir del francés al español y no he querido que nadie escribiese estas líneas por mí.

Espero también que me haréis el honor de creer que tenéis en mí, aunque me encuentre muy lejos de París, al[47] más obscuro y más pequeño, pero el más ferviente, el más sincero, el más fiel y el más leal de vuestros admiradores y de vuestros servidores.

Julián del Casal

Ysla de Cuba
Redacción de «El Pais»
Teniente-Rey 39
Habana

44 Nota 1 (ver al final)
45 Nota 2
46 Nota 3
47 Nota 4

Habana 15 de agosto de 1891

Sr. Gustavo Moreau
Muy venerado maestro:

Hace algunos dias[48] que tuve el atrevimiento, á la par que el honor, de dirigiros, por conducto del Sr. Huysmans —a quien debo la inmensa dicha de conoceros—, una carta certificada, incluyendoos tres sonetos escritos por mí ante copias de vuestras divinas y sugestivas figuras de *Elena*, *Salomé* y *Galatea*, que deben haber llegado ya á vuestras manos.

Tres dias después, recibi de Paris catorce copias fotográficas de otras tantas obras vuestras, compradas en la *Photographie des Beaux Arts, 8, rue de Bonaparte, 8*, de las cuales solo reconozco, con seguridad, tres: *L'Aparition*, *Hercule et* l'*Hydre de Lerne* et *Prometheus*. Ninguna tenía título y solo traian al dorso el número del catálogo.

De las once restantes, he reconocido el asunto de las marcadas con los números 16.933, *La Quimera*, 17.986, *La Muerte de las Stinfálidas*, 17.984, *Una Venus*, 19.869, *La Vuelta de Europa*, 16.772, *Los Caballos de Diomedes*, y 19.692, *El Nacimiento de Venus*.

La marcada con el número 18.000 debe ser *Perseo y Andromeda*, cuadro que de seguro inspiró á mi ilustre compatriota Jose Maria de Heredia uno de sus admirables sonetos.

Ymáginome que *Una Peri* lleva el número 17.987.

Quédanme por reconocer las que ostentan los números 18.875, 19.152 y 15730.

Teniendo el proyecto, que ya tuve el honor de comunicároslo, de dedicar sonetos á aquellos cuadros vuestros que yo alcance á comprender, vuelvo á tener el atrevimiento, —y por él os pido mil perdones— de escribiros otra vez, confiado en la amabilidad del Sr. Huysmans, para que tengais la bondad de resolverme las dudas expuestas y de comunicarme á la vez á que casa podia dirigirme para adquirir el resto de vuestras obras, especialmente *Le Jeune Homme et la Mort*, *Phaeton* y *David*.

Al mismo tiempo, deseo participaros, no por vanidad, sino por satisfacción, que estoy asombrado de vuestras justas, originales y artísticas concepciones de vuestros Hércules, de vuestras Venus y de vuestro Prometeo. Al reves de lo que imagina la fantasía burguesa,

48 Nota 5.

vuestros Hércules son fuertes, pero *bellos*; vuestro Prometeo es un Cristo pagano, tal como debió ser el primer Redentor de los hombres; y vuestras Venus son divinamente hermosas, pero frías, indiferentes, nostálgicas y soñadoras. Ellas me traen á la memoria aquellos versos de mi maestro en poesia, del gran Baudelaire,

Je trône dans l'azur comme un sphinx incompris;
J'unis un cœur de neige à la blancheur des cygnes;
Je hais le mouvement qui déplace les lignes;
Et jamais je ne pleure et jamais je ne ris.[49]

Aunque, por ahora, no pienso ir á Paris, desearia saber, porque soy muy joven y tengo la esperanza de ir, en que museo se encuentran vuestros cuadros, que tanto me han hecho soñar, que tanto me han hecho vivir.

Y pidiendoos mil excusas por haber turbado un momento vuestra sagrada quietud, tiene el honor de ofreceros sus servicios vuestro apasionado y poseido admirador.

Julián del Casal

Ysla de Cuba
Redacción de «El Pais»
Teniente-Rey 39
Habana

49 Tengo mi trono en el azar cual una esfinge incomprendida; / Uno un corazón de nieve a la blancura de los cisnes; / Aborrezco el movimiento que desplaza las líneas, / Y jamás lloro y jamás río. (traducción de Roger Herrera). Nota 6.

Monsieur[50]
Vous êtes mille fois bon et aimable, et je ne pourrai jamais assez vous dire à quel point j'ai été touché et reconnaissant des témoignages si précieux de votre bienveillante sympathie.

Je viens donc vous remercier de tout cœur, et de votre si charmante lettre et de l'envoi de vos trois sonnets, que je vais me faire traduire de suite, afin de me donner la joie rare de les lire.

C'est, je vous assure [,] monsieur[,] un bien grand bonheur pour l'artiste de voir des ouvrages apprécies par des esprits aussi nobles aussi élevés qu'est la vôtre. C'est [,] vous pouvez le croire, la plus douce, la plus précieuse des récompenses.

Je n'ai pas besoin de vous dire que je serai heureux de recevoir votre visite, si un jour vous venez parmi nous et que j'aurai le plus vif plaisir à vous voir et à vous connaître.

Merci, Monsieur, et encore merci. Croyez à ma véritable sympathie, et agréez ici l'expression de mes sentiments les meilleurs et le plus distingués.

Gustave Moreau

Paris 1er septembre 1891

P.S.

C'est depuis trois jours seulement que j'ai reçu votre première lettre et c'est hier que m'est parvenue la seconde.

50 Nota 7.

Señor

Sois mil veces bueno y amable, y no podría deciros nunca hasta qué punto estoy conmovido y agradecido por los testimonios tan preciados de vuestra benevolente simpatía.

Quisiera pues agradeceros de todo corazón por vuestra tan encantadora carta y por el envío de vuestros tres sonetos, que me haré traducir de inmediato, para darme la alegría singular de leerlos.

Os aseguro, señor, que es una dicha bien grande para el artista el ver que sus obras son apreciadas por espíritus tan nobles, tan elevados como el vuestro. Esta es, lo podréis creer, la más grata, la más preciada de las recompensas.

No necesito deciros que estaré complacido en recibir vuestra visita si un día venís acá entre nosotros, y que tendré el más vivo placer en veros y en conoceros.

Gracias, señor, una vez más gracias. Creed en mi verdadera simpatía, y aceptad la expresión de mis mejores y más distinguidos sentimientos.

Gustave Moreau

París, 1ro de septiembre de 1891

P.S.

Hace solamente tres días que recibí vuestra primera carta y fue ayer que me llegó la segunda.

La Havane, le 16 Septembre de 1891

Trés-cher et trés veneré maître

Avant toute chose, je vous demande mille pardons par troubler de nouveau la calme majesté de votre sacre vie, avec mes lettres qui j'ose vous écrire dans le voluptuese et delicat idiome qui vous parlez.

Mais vous avez été si noble, si benveillant, si genereux, si parfaitement grand avec moi, qui je me croiriais le plus excecrable des humains si je laissasez sans réponse votre precieuse lettre, plus precieuse pour moi qui tous les bonheurs de la terre el du ciel.

¿Comment répondre aux phrases exquises de votre lettre? ¿Comment vouz dire la joie ressentie en parcourant ces lignes inondés de bonté, de grandeur, de genie et de la plus sublime generosite? Je m'avoue incapable de vous exprimer toute ma gratitude et toute ma admiration.

Au meme temps qu'une joie inexprimable remplissait mon âme a la lecture de votre sacre lettre, une noire tristesse me serrait le cœur à la vue de les lignes de dueil qui l'encadrait, parce que cela m'a devoile qui vouz pleurez maintenant la desaparition de un etre aimé.

Quiconque qui il soit pour vous, je ressent sincerement votre douleur, moi qui, des mes premières anneés, je vu disparaitre tous les etres qui j'ai aimée, qui j'aime encore et qui j'aimerai toujours, toujours.

Je voudrais etre à Paris pour vous panser, avec ma tendresse respetueuse et mon devouement filial, la cruelle blessure qui fait saigner votre excelent cœur.

J ai aussi l'honneur de vous envoyer sept nouveaux sonnets qui j'ai composée et qui j'ai publiees[51] avec les autres qui vouz avez recu. Comment je ne garde pas l'espoir d`avoir un jour la divine bonheur de vouz connaître, parce que je suis blessé de mort par une maladie cardiaque qui m'emporte tout jeune à la tombe, sans me laisser vivre tout le temps qui je veux, j'ose vouz envoyer mon portrait, copie photographique de un portrait a l'huile qui m'ai fait mon meilleur ami.

Croyez vouz, très adoré maître, croyez vous que vous etez le genie qui je plus aime et qui je garderai par votre lettre une reconnaissance eternel. Peut-être trouverez-vous le mot trop fort. Mais qu'importe! De mon côte je vouz assure une impérissable afection.

51 Nota 8.

La Habana, 16 de septiembre de 1891

Muy-querido y muy venerado maestro:

Ante todo, os pido mil perdones por turbar de nuevo la calma majestad de vuestra sagrada vida con mis cartas, que me atrevo a escribiros en el voluptuoso y delicado idioma que vos habláis.

Pero habéis sido tan noble, tan benevolente, tan generoso, tan perfectamente grande conmigo, que me creería el más execrable de los humanos si dejase sin respuesta vuestra preciada carta, más preciada para mí que todos los tesoros de la tierra y del cielo.

¿Cómo responder a las frases exquisitas de vuestra carta? ¿Cómo describiros la alegría sentida al recorrer esas líneas inundadas de bondad, de grandeza, de genio y de la más sublime generosidad? Admito ser incapaz de expresaros toda mi gratitud y toda mi admiración.

Al mismo tiempo que una alegría inexpresable invadía mi alma ante la lectura de vuestra sagrada carta, una tristeza negra me apretaba el corazón a la vista de las líneas de duelo que la enmarcaban, porque ellas me revelaron que lloráis hoy la desaparición de un ser querido.

Quienquiera que sea para vos, siento sinceramente vuestro dolor, yo que, desde mis primeros años, vi desaparecer a todos los seres que amé, que amo aún y que amaré siempre, siempre.

Quisiera estar en París para sanaros,[52] con mi ternura respetuosa y mi devoción filial, la cruel herida que hace sangrar vuestro excelente corazón.

Tengo, además, el honor de enviaros siete nuevos sonetos que he compuesto y publicado junto a los otros que habéis recibido. Como no guardo la esperanza de tener un día la divina felicidad de conoceros, porque estoy herido de muerte por una enfermedad cardíaca que me conduce muy joven a la tumba, sin dejarme vivir todo el tiempo que quiero, me atrevo a enviaros mi retrato, una copia fotográfica de un retrato al óleo que me hizo mi mejor amigo.

Creedme, muy adorado maestro, creedme que sois el genio que más amo y que guardaré por vuestra carta un reconocimiento eterno. Quizás encontraréis la palabra demasiado fuerte. Mas, ¡qué importa! Por mi parte, os garantizo una imperecedera afección.

Yo no sé amar a medias, y por mi sangre de cubano que me quema o por vuestro genio que me enloquece, podéis estar seguro de que mi

52 Nota 9.

Je ne sais pas aimer a demi, et par man sang de Cubain qui ma brule ou par votre genie qui me raffole, vous pouvez etre certain que mon cœur gardera, quand même et pour toujours, la fleur d'amour, d'admiration el de gratitude qui vous avez fait éclore dans l'ame de votre fanatique admirateur et tres-humble serviteur

Julián del Casal

P.S. Faites-moi le plaisir de remercier à M. Joris-Karl Huysmans, dont le genie m'etonne, ses exquises faveurs et de lui'offrir mes très-humbles services

corazón conservará, hoy y por siempre,[53] la flor de amor, de admiración y de gratitud que habéis hecho brotar en el alma de vuestro fanático admirador y muy-humilde servidor.

Julián del Casal

P.S. Tened la bondad de agradecer al Sr. Joris-Karl Huysmans, cuyo genio me impresiona, por sus exquisitos favores y de ofrecerle mis más humildes servicios

53 Nota 10.

Paris 16 Octobre 1891

Cher Monsieur,

Je me trouve bien en retard avec vous, mais il m'a été impossible de répondre plus tôt à votre bonne et charmante lettre, ayant été très souffrant tous ces temps derniers.

J'aurais voulu pourtant vous dire de suite toute ma gratitude pour le précieux envoi de vos dix sonnets.

Je ne puis, hélas, jouir pleinement des beautés qu'ils renferment, ignorant que je suis de votre belle langue.

Mais, ce que je puis apprécier lorsque les sonnets me sont traduits par un de mes amis [,] poète aussi [,] c'est combien en vous, la pensée et l'imagination sont nobles et élevées.

Merci donc, cher monsieur, et d'un cœur reconnaissant, touché plus que je ne saurais dire de si précieux et de si doux témoignages d'une sympathie d'art comme la vôtre, et en outre des preuves de [l'] affectueux intérêt que vous vouliez hier me donner.

Je veux croire [,] que comme tous les gens de grande et de vive imagination, vous vous exagérez, très certainement, le sérieux de votre état de santé, et que vous n'êtes pas menacé d'une aussi grave atteinte que celle dont vous me parlez.

Malgré tout, vous savez combien ces affections du cœur sont variées et combien il y a eu de peu menaçantes, j'en ai eu sous les yeux bien d'exemples.

Vraiment, vous me gâtez trop, cher monsieur, et je suis tous confus.

Je ne possède rien d'autre à mon avoir, qu'un grand amour de l'art et des belles choses de la pensée, cet amour nous l'avons tous les deux, et je me réjouis pour vous comme pour moi, car c'est la source de bien grandes joies, et il faut bien aussi de quelques souffrances, souffrances, qu'il ne faudrait pas pourtant répudier, sous peine de l'amoindrir et de déchoir.

Adieu, cher Monsieur ; croyez je vous prie, à tous mes sentiments les meilleurs et recevez ici de nouveau l'expression de ma profonde et bien véritable sympathie.

Gustave Moreau

París, 16 de octubre de 1891

Estimado Señor:

Me encuentro en un gran retraso con vos, pero me ha sido imposible responder antes a vuestra buena y encantadora carta, habiendo estado muy enfermo todo este último tiempo.

Hubiera querido, sin embargo, expresaros de inmediato toda mi gratitud por el preciado envío de vuestros diez sonetos.

Yo no puedo, por desgracia, disfrutar plenamente de las bellezas que encierran, ignorante que soy de vuestra bella lengua.

Mas, lo que he podido apreciar cuando los sonetos me fueron traducidos por uno de mis amigos, poeta también, es cuánto en vos la razón y la imaginación son nobles y elevadas.

Gracias pues, estimado señor, y de un corazón agradecido, conmovido más de lo que podría expresaros por tan preciados y gratos testimonios de una simpatía por el arte como la vuestra, y además por las pruebas de afectuoso interés que habéis querido darme con anterioridad.

Quiero creer que como todas las gentes de grande y viva imaginación, exageráis, seguramente, la seriedad de vuestro estado de salud, y que no estáis amenazado por una afección tan grave como esa de la que me habláis.

A pesar de todo, sabéis cuánto esas afecciones del corazón son variadas y cuántas hay que son poco peligrosas, de ello he tenido ante mis ojos numerosos ejemplos.

Realmente, me halagáis demasiado, estimado señor, y me siento muy confundido.

Nada poseo en mi haber, más que un gran amor por el arte y por las cosas bellas del pensamiento, este amor lo tenemos ambos, y me alegro tanto por vos como por mí, pues es la fuente de grandísimas alegrías, y se necesitan también algunos pesares, pesares que no necesariamente deberíamos repudiar, so pena de aminorarlos o menguarlos.

Adiós, querido Señor; creed os suplico, en todos mis mejores sentimientos y recibid de nuevo la expresión de mi profunda y verdadera simpatía.

Gustave Moreau

Votre commission auprès de monsieur Huysmans est faite. Je l'ai vivement remercié de votre part pour la gracieuse et aimable obligeance :

_ que je suis touché, cher Monsieur, [par la] délicate pensée que vous avez eu de m'envoyer [une] petite photographie de vous ! Je vous en suis bien reconnaissant.

Vuestro mensaje para el señor Huysmans ha sido enviado. Le agradecí profundamente de vuestra parte por la atenta y amable bondad:

¡Cuánto me conmueve, estimado Señor, la delicada idea que habéis tenido de enviarme una fotografía vuestra! Os estoy profundamente agradecido.

La Havanne, le 1er Novembre 1891

Ydolâtré, trés-idolâtré, de plus en plus idolâtré maître:

Cet matin, au rouvrir les yeux, je m'ai croyé le plus heureux des hommes, parce que le courrier m'a apportè la magnifique lettre qui vous, —toujours noble, toujours magnanime, toujours extraordinairement entonnant—, m'avez fait la supreme charitè de m'ecrire. Je viens d'acquérir la profonde conviction, deja pressentie par moi, de qui vous avez, non seulement le genie plus pur des createurs, mais aussi le coeur plus saint qu'a fleuri sur la terre. Combien vous devez souffrir dans ce dégoûtant monde!... Maintenant (je n'ai pas besoin de vous dire a quel point je vous serai reconnaissant par votre divine humanitè) mon bonheur serait complete, si je pourrais d'aller a Paris, vous trouver sans temoins, tomber à genoux devant vous, rester muet d'adoration et m'aveugler avec les sublimes beautès de vos tableaux. Je me coucherai doucement tout suite, sans regretter rien de tout de ce qui je laisserai derrière moi dans la vie.

Je vous suis infinitement reconnaissant, très douce maître, car vous avez appris, c'-est-a-dire, devinè, —impuissant que je suis pour m'exprimer dans votre caressant et voluptueuse langue,— tout ce qui je sens par vous. C'est un sentiment, presque divin et tres peu d'humain, qui me suffit pour me faire aimer la vie. Je vous vénére, comme on vénére un dieu et je vous aime comme on aime un rêve. Votre genie sans egal, autant que votre ame sans soeur, m'ont saisi tout entier J'ecoute votre nom partout. Si je prends un journal ou un livre, je lui guette a chaque ligne Lorsque je lui trouve, mon cœur bat a se briser. YI y a des jours que je lui ai lu dans le livre de Monsieur Charles Buet sur le regrettè *Barbey d'Aurevilly.*[54] Avant-hier au soir je lui relisai, par la derniere fois, en finissant de relire l'incomparable *La-Bas* de monsieur Joris-Karl-Huysmans. Les chastes figures de vos tableaux me hantent. Vous trouverez le temoignage dans un poème qui je vous envoie, avec le seul desir de qui vous ne doutez pas de moi. Les vers son marqués avec du crayon.[55] Souvent aussi je parle très longuement avec vous par la pensèe et je me sens heureux, trop heureux.

Quoique je suis très souffrant encore (et je ne pourrais vous exprimer jamais ma gratitude par l'interet qui vous avez pris à mon égard) je songe à ecrire bientot un poème qui sera, a peu près, votre apothéo-

54 Nota 11
55 Nota 12.

La Habana, 1ro de noviembre de 1891

Idolatrado, muy-idolatrado, cada vez más idolatrado maestro:

Esta mañana al abrir los ojos, me creí el más feliz de los hombres, porque el correo me trajo la magnífica carta que vos —siempre noble, siempre magnánimo, siempre extraordinariamente asombroso— habéis tenido la suprema caridad de escribirme. He llegado a adquirir la profunda convicción, ya presentida por mí, de que tenéis, no solo el genio más puro de los creadores, sino también el corazón más santo que ha florecido sobre la tierra. ¡Cuánto debéis sufrir en este repugnante mundo!... Ahora (no necesito deciros hasta qué punto os estaré agradecido por vuestra divina humanidad) mi dicha sería completa si yo pudiera ir a París, encontraros sin testigos, caer de rodillas ante vos, permanecer mudo de adoración y enceguecer con las sublimes bellezas de vuestros cuadros. Luego, yaceré mansamente, sin lamentar nada de lo que habré dejado tras de mí en la vida.

Os estoy infinitamente agradecido, muy dulce maestro, porque habéis comprendido, mejor dicho, adivinado, —incapaz que soy de expresarme en vuestra acariciante y voluptuosa lengua,— todo lo que siento por vos. Es un sentimiento casi divino y muy poco humano, que me basta para hacerme amar la vida. Yo os venero, como se venera a un dios y os amo como se ama un sueño. Vuestro genio sin igual, así como vuestra alma sin par, me han atrapado por entero. Escucho vuestro nombre por doquier. Si tomo un diario o un libro, lo percibo en cada línea. Cuando lo encuentro, mi corazón late hasta quebrarse. Hace unos días lo leí en el libro del Señor Charles Bluet sobre el infortunado *Barbey d'Aurevilly*. Anteayer en la noche, lo releía, una última vez, terminando de releer la incomparable *Là-Bas* del señor Joris Karl Huysmans. Las castas figuras de vuestros cuadros me hechizan. Encontraréis el testimonio en un poema que os envío, con el único deseo de que no dudéis de mí. Los versos están marcados con lápiz. Muchas veces también hablo largas horas con vos en mi pensamiento y me siento feliz, muy feliz.

Aunque aún estoy muy enfermo (y no podría expresaros nunca mi gratitud por el interés que por mí mostráis), ansío escribir pronto un poema que será, en cierto modo, vuestra apoteosis. No sé si lograré deciros todo mi pensar. La acción del poema se desarrollará en el valle de Josafat, el último día de la creación. Primero, haré una

se. Je ne sais pais si j ‘arriverai a vous dire toute ma pensèe. L’action du poeme on deroulerai dans la valleè de Josaphat, le dernier jour de la creation. D’abord, je ferai une vague description du lieu. Je peindrai un Dieu beau, emergeant des nuages nacrès, drapè de pourpre etoile de pierreries. Yl jugera paternellement les humains. Parmi les femmes, serait Hellene et vous parmi les hommes. Je vous dessinerai tres misterieusement. Hellene, au vous voir, serait touchè par le souvenir de la puissance de votre genie et tomberait-elle prise d’amour a vos pieds. Dieu le pardonnerai alors ses fautes et vous la vous donnerai par sœur par toute l’eternitè, devants les regards etonneés des humains. Vous monterez enlacès tout-a-coup vers les paradis de la lumière, des parfums, des couleurs. Je veux symboliser avec ce poeme la victoire du genie sur la beautè, ou, mieux dit, la beautè vaincue par le genie et la joie ineffable de Dieu à la vue de cet evenement. Apres qu’il soit fini, peut-etre vous lui trouverez aceptable, car je lui composerai avec amour Si je suis affamé de vivre, c’est par vous et par l’Art, les seules choses qui me sourient encore.

Avant de finir, je vous prie très-humblement de me pardonner qui j’ose vous deranger de nouveau avec mes lettres banales, autant qu’a monsieur Huysmans, dont la bonté infinie ne pourrait jamais etre payee par moi, avec rien de tout. Si je vous ecris, je lui fais par un besoin de mon ame. Excusez-moi, très genereux maître, les elans de mon cœur. Je ne songe pas á correspondre avec vous. Ceci serait une vanitè ridicule, dont je tiens á me garder. J’ai la mesure de votre grandeur et celle de ma petitesse. Vos lettres a moi n’ont pas eté lues par personne. Si j’ose un jour les lire a quelqu’un, serait pour lui incruster la preuve de votre extraterrestre magnanimité. Ma admiration est solitaire et n’a pas besoin des temoins. Si vous ne pouvez pas me rèpondre, je vous adorerai egalement et je vous serai toujours très reconnaissant, toujours aussi, quand meme. J’aimerai tout ce qui sortirai de vous, jusque le silence. Les dieux ¿ne sont-ils pas silencieux?

Soyez heureux, très vènère et très aimè maître, soyez heureux et daignez vous croire toujours, comme vous avez deja croyè, —ce qui je ne pourrais pas vous lui remercie,— dans la plus absolue sinceritè de votre chaque jour, chaque heure et jusque chaque minute plus chaud et loyal et possedè admirateur.

Julián del Casal

vaga descripción del lugar. Pintaré un Dios bello, emergiendo de entre nubes nacaradas, drapeado de púrpura y estrellado de pedrerías. Él juzgará paternalmente a los humanos. Entre las mujeres, estará Elena y vos entre los hombres. Os pintaré muy misteriosamente. Elena, al veros, será conmovida por el recuerdo de la potencia de vuestro genio y caerá prendida de amor a vuestros pies. Dios le perdonará entonces sus faltas y os la dará como esposa para toda la eternidad, frente a las miradas atónitas de los humanos. De un golpe, subiréis enlazados hacia los paraísos de la luz, de los perfumes, de los colores. Quiero simbolizar con este poema la victoria del genio sobre la belleza, o mejor dicho, la belleza vencida por el genio y la alegría inefable de Dios a la vista de este suceso. Después que esté terminado, lo encontraréis quizás aceptable, porque lo compondré con amor. Si estoy hambriento de vida es por vos y por el Arte, las únicas cosas que me sonríen aún.

Antes de acabar, os suplico muy-humildemente que me perdonéis que me haya atrevido a importunaros de nuevo con mis cartas banales, así como al señor Huysmans, cuya bondad infinita no podría jamás ser pagada por mí, con nada de nada. Si os escribo, lo hago por necesidad de mi alma. Disculpadme, muy generoso maestro, los ímpetus de mi corazón. No pretendo corresponder[56] con vos. Eso sería una vanidad ridícula, de la cual prefiero reservarme. Conozco la medida de vuestra grandeza y la de mi pequeñez. Vuestras cartas hacia mí no han sido leídas por nadie. Si me atrevo un día a leerlas a alguien, será para incrustarle la prueba de vuestra extraterrestre magnanimidad. Mi admiración es solitaria y no necesita de testigos. Si no podéis responderme, os adoraré igualmente y os estaré siempre muy agradecido, incluso también por siempre. Amaré todo lo que salga de vos, hasta el silencio. Los dioses, ¿no son también silenciosos?

Sed feliz, muy venerado y muy amado maestro, sed feliz y dignaos a creer siempre, como ya lo habéis creído, —lo cual no podré nunca agradeceros,— en la más absoluta sinceridad de vuestro cada día, cada hora, y hasta cada minuto más ardiente y leal y poseído admirador.

Julián del Casal

56 Nota 13.

La Havanne, le 15 Décembre 1891

Divin maître: Yl y a plus d'un mois, j'eus l'honneur de vous envoyer un poème qui je venais d'écrire.[57] Au même temps, je vous annoncais l'envoi d'un autre qui j'ébauchais en rêves. Aujourd'hui il est rimè et vous lui trouverez á côte de ces lignes. Lorsque vous lui lissez, ayez la bontè de n'oublier pas que je n'ai pas le sot orgueil d'avoir fait un chef d'œuvre. Je lui trouve, —et je vous dis ceci avec le cœur sous la plume— seulement lisible. Outre cela, je dois vous dire qui je ne me fais pas l'illusion d'avoir ajoutè, avec ce poème, un rayon de gloire á votre nom inmortel, pas même dans mon pays, car je ne suis pas ici, contrairement a ce qui vous pourrais vous imager, qu'un rêveur malade sans valeur. Je n'attends pas non plus vous emouvoir, puisque j'ai la conviction de que vous devez etre bien habituè à des hommages plus hauts, plus precieux, plus autorisès.

Après le poeme, vous liserez un sonnet qui j'ai fait pour le *Vestibule* de mon *Musee Ydeal*, rêvant à vous. Autant le poème que le sonnet, sont encore inedits. Yl est tres probable qui vous voyez dans le second des inexactitudes ; mais, comme je n'ai pas le bonheur, trop grand pour moi, de voir votre portrait, j 'ai des fantaisies sur vous et je' vous ai rêvè comme ca. Peut-etre vous ressentirez la honte d'avoir m'inspirè ces choses insignifiantes, mais dans ce cas, je vous prie très-humblement de me pardonner si graves fautes involontaires.

Ainsi, donc, je vous envoie le poeme *Rêve de Gloire* et le sonnet *Vestibule* avec le seul but de vous donner une petite preuve de la grande adoration qui je cache par vous dans le coin plus pur de mon cœur.

Daignez vous, très-aimè et très-venerè maître, promener votre regard sur mes pauvres fantaisies et vous auriez satisfaite la seule aspiration de votre très fanatique et très humble adorateur.

Julián del Casal

P.S. Au soussigner cette lettre, je m'apercois de ne vous avoir pas priè de m'excuser auprès du grand maître Monsieur Huysmans par l'avoir derangè de nouveau avec cette lettre, qui j'ai osè vous écrire en francais Faitez-moi le plaisir de m'excuser et je vous lui remercierai de tout cœur.

57 Nota 14.

La Habana, 15 de diciembre de 1891

Divino maestro: Hace más de un mes, tuve el honor de enviaros un poema que acababa de escribir. Al mismo tiempo, os anunciaba el envío de otro que esbozaba en sueños. Hoy ya está rimado y lo encontraréis junto a estas líneas. Cuando lo leáis, tened la bondad de no olvidar que no tengo el vano orgullo de haber hecho una obra maestra. Yo lo encuentro, —y os digo esto con el corazón bajo la pluma— solamente leíble.[58] Además, debo deciros que no me hago la ilusión de haber añadido, con este poema, un rayo de gloria a vuestro nombre inmortal, ni siquiera en mi país, ya que aquí no soy más, al contrario de lo que os podríais imaginar, que un soñador enfermo sin valor. No espero tampoco conmoveros, porque tengo la convicción de que debéis estar bien habituado a homenajes más elevados, más valiosos, más autorizados.

Después del poema, leeréis un soneto que hice para el *Vestíbulo* de mi *Museo Ydeal*, soñando con vos. Tanto el poema como el soneto, son aún inéditos. Es muy probable que veáis en el segundo inexactitudes; pero, como no tengo la dicha, demasiado grande para mí, de contemplar vuestro retrato, tengo fantasías sobre vos y os he soñado así. Quizás sentiréis vergüenza por haberme inspirado tales cosas insignificantes, pero en tal caso, os ruego muy-humildemente que me perdonéis estas faltas involuntarias tan graves.

Así pues, os envío el poema *Sueño de Gloria* y el soneto *Vestíbulo*, con la única intención de daros una pequeña prueba de la gran adoración que escondo por vos en el rincón más puro de mi corazón.

Dignaos, muy-amado y muy-venerado maestro, a pasear vuestra mirada sobre mis pobres fantasías y habréis satisfecho así la única aspiración de vuestro muy fanático y muy humilde adorador.

Julián del Casal

P.S. Al firmar esta carta, me percato que no os he pedido que me disculpéis con el gran maestro el Señor Huysmans por haberlo molestado de nuevo con esta carta, que osé escribiros en francés. Dadme el placer de disculparme y os lo agradeceré de todo corazón.

58 Nota 15.

Cher Monsieur,

Je suis bien en retard avec vous, mais vous m'excuserez, quand je vous aurai dit que depuis cinq semaines je suis malade d'une bronchite des plus intenses et d'une atteinte d'influenza.

C'est dans mon lit que j'ai reçu votre précieux envoi, dont j'aurais voulu vous remercier de suite [,] mais cela m'était impossible car c'est à peine si, aujourd'hui, j'ai la force de vous écrire ces quelques lignes [,] tant je suis fatigué et affaibli après cette dure épreuve.

Comment vous dire ma gratitude pour tous les témoignages de votre sympathie ! Comment vous remercier assez de ce bienveillant et si touchant intérêt que vous portez à mes travaux et à mes efforts d'artiste [!].

Soyez rassuré que cette communion, malheureusement trop lointaine, avec un esprit rare, noble et élevé, comme est le vôtre [,] si passionné pour cet idéal d'art que nous poursuivons tous, soyez rassuré, dis-je[,] que cette communion m'est infiniment douce et précieuse.

Aussitôt rétabli, je vais me faire traduire votre poème par un de mes amis[,] par Monsieur de Heredia peut-être, car je suis un ignorant de votre belle langue, et je n'ai pas, comme vous, l'heureuse facilité et le grand bonheur de pouvoir jouir des littératures étrangères sans le secours des traductions.

J'aurai, je n'en doute pas, après cela à vous remercier de tout cœur et à vous louer beaucoup.

Aujourd'hui, je ne veux que vous accuser réception de l'envoi et aussi de votre aimable lettre en vous envoyant tous mes souhaits et tous mes vœux d'ami, et en vous assurant de nouveau de mes sentiments les meilleurs et les plus sympathiques.

Gustave Moreau

Paris. 14 Rue de La Rochefoucauld.

31 janvier 1892

Estimado Señor:
Me encuentro en gran retraso con vos, pero me perdonaréis cuando os haya dicho que desde hace cinco semanas padezco de una bronquitis extremadamente intensa y de un ataque de influenza.

Fue en mi lecho que recibí vuestro preciado envío, por el que os hubiera querido agradecer de inmediato, pero me era imposible pues es apenas hoy que tengo fuerzas para escribiros estas pocas líneas, de lo tan exhausto y débil que me encuentro luego de esta dura prueba.

¡Cómo expresaros mi gratitud por todos los testimonios de vuestra simpatía! [¡] Cómo agradeceros plenamente por este desinteresado y conmovedor interés que tenéis por mis trabajos y por mis esfuerzos de artista [!]

Convenceos de que esta comunión, desgraciadamente demasiado lejana, con un espíritu raro, noble y elevado como el vuestro, tan apasionado por ese ideal de arte que perseguimos todos, convenceos, os digo, de que esta comunión me es infinitamente grata y preciada.

Tan pronto como me restablezca, haré que me traduzca vuestro poema uno de mis amigos, el Señor de Heredia quizás, pues yo soy un ignorante de vuestra bella lengua, y no tengo como vos, la dichosa facilidad y el gran gozo de poder disfrutar de las literaturas extranjeras sin la ayuda de las traducciones.

Luego de ello deberé, y no lo dudo, agradeceros de todo corazón y alabaros mucho.

Hoy solo deseo acusar recibo del envío y de vuestra amable carta también transmitiéndoos todos mis deseos y todos mis votos de amigo, y asegurándoos nuevamente mis mejores y más agradables sentimientos.

Gustave Moreau
París. 14 Rue de La Rochefoucauld.
31 de enero de 1892

La Havanne, le 17 Fevrier 1892

Divin maître:

Je suis follement enivré de bonheur, car vous avez eu l'inappreciable bontè de m'ecrire de nouveau, après d'un long silence qui me criblait de noirs preocupations et me faisait pleurer à chaudes larmes. J'avais le pressentiment de votre maladie et je croyais d'eclater de désespoir, ne pouvant pas d'y aller pour vous soigner comme un bon enfant son lointain père malade. Pendant ce temps, j'ai vecu abruti comme un porc et ombragè comme un chien enchainè, en vous imageant sur votre lit de souffrances ainsi qu'un aigle blessè sur une lande desoleè. Mais, aujourd'hui, vous m'avez rendu la vie avec votre sacre lettre qui je porte religieusement, comme les deux anterieures, sur mon cœur.

Cette lettre, dont la reception est la seule joie qui j'ai eprouvè dans cette annèe, m'a comblè d'une infinie satisfaction, car vous m'y envoyez votre adresse, en m'autorisant ainsi, très delicatement, pour vous ècrire. Merci donc, très-bien aimè grand maître, merci beaucoup.

Maintenant je dois vous confesser que si j'ai ose vous écrire, cela a eté car j ai rêvé toute ma vie de trouver un maître lointain (n›ayant d›aucun agréable à mon entourage, car je vis en ours dans cette Siberie torride) qui fût si eminent et si bon comme vous etes. Je voulais aussi qu'il n'aimait point, comme vous, la gloire, le bruit, la foule, les journaux et d'autres choses, mais l'art par l'art. Et, en tournant ma pensèe vers l'Europe, je n'en trouvè pas qui deux: vous et Dante Gabriel Rosetti. Ma pauvre mère, qui etait une emigrèe irlandaise, m'avais transmis son culte par cet artiste. Mais je vous ai preferè, non seulement car le doux auteur de «La Coupe de Vie» avait mort, mais parce que je vous crois le plus grand et le plus pur poete de tous les siecles. N'avez vous pas fait jamais des vers, très-idolâtré maître?

A present, je suis en finissant de faire d'autre recueil de rimes qui j'aurais l'honneur de vous envoyer. Aussitôt imprimèes, je songe à ecrire un roman et d'une troisieme volume de vers qui je ressens deja dans la tete et dans le cœur. Pendant ce temps (quoique je sois plus pauvre qui Job ou Verlaine, ce qui me rend fier, car je suis si satisfait de ma pauvretè comme d'autres de sa richesse) je ferais venir de Paris tout ce qui on à ecrit sur vous et alors j'ecrirai la *Vie et œuvres du divin Gustave Moreau* avec le seul but de fonder une religion a la gloire votre. Et, si je ne reussi pas, je briserai ma plume et je m'engloutirai

La Habana, 17 de febrero de 1892

Divino maestro:

Estoy locamente ebrio de felicidad, porque habéis tenido la inapreciable bondad de escribirme de nuevo, luego de un largo silencio que me acribillaba de negras preocupaciones y me hacía llorar a lágrima viva. Tenía el presentimiento de vuestra enfermedad y creía explotar de desespero sin poder ir a cuidaros como un buen hijo a su padre lejano y enfermo. Durante este tiempo, viví embrutecido como un cerdo y umbrío como un perro encadenado, imaginándoos en vuestro lecho de sufrimiento como un águila herida en una landa desolada. Mas, hoy, me habéis devuelto la vida con vuestra sagrada carta que guardo religiosamente, como las dos anteriores, en mi corazón.

Esta carta, cuya recepción es la única alegría que he experimentado en este año, me ha llenado de una infinita satisfacción, porque en ella me enviáis vuestra dirección, autorizándome así, muy delicadamente, a escribiros. Gracias pues, muy-bien amado gran maestro, muchas gracias.

Ahora debo confesaros que, si me he atrevido a escribiros, ha sido porque toda mi vida he soñado con encontrar un maestro lejano (no teniendo ninguno agradable en mi entorno, porque vivo como un oso en esta Siberia tórrida) que fuese tan eminente y tan bueno como vos sois. Quería también que él, como vos, no amase para nada la gloria, el ruido, la muchedumbre, los diarios y otras cosas, sino el arte por el arte. Y, volviendo mi pensamiento hacia Europa, no encontré más que dos: vos y Dante Gabriel Rosetti. Mi pobre madre, que era una emigrada irlandesa, me había transmitido su culto por este artista. Pero yo os he preferido, no solo porque el manso autor de «La Copa de la Vida» había muerto, sino porque os creo el más grande y el más puro poeta de todos los siglos. ¿No habéis nunca escrito versos, muy-idolatrado maestro?

En este momento, estoy terminando de hacer otra colección de rimas que tendré el honor de enviaros. Tan pronto impresas, ansío escribir una novela y un tercer volumen de versos que siento ya en mi cabeza y en el corazón. Durante ese tiempo (aunque soy más pobre que Job o Verlaine, lo que me llena de orgullo, pues estoy tan satisfecho de mi pobreza como otros de su riqueza) haré venir de París todo lo que se haya escrito sobre vos y escribiré entonces la *Vida y obra del*

dans la paix d'un cloitre, tournant mes regards vers Dieu, le seul qui me consolerait d'avoir vecu.

Après cettes confessions, je dois vous avouer aussi qui je suis vraiement surpris de lire qui vous avez le desir de vous faire traduire mon petit poëme par Monsieur de Heredia. J'en suis fier, très-aimè maître, mais, à cœur ouvert, je n'en suis pas digne. Monsieur de Heredia, —dont les magistraux sonnets me sont bien connus, jusque le point d'avoir tentè de les imiter, malheureusement, helas, dans *Mon Musee Ydeel*— est aussi un de mes dieux. Je vis d'adorations, comme d'autres de meprises. Je sais par cœur son magnifique sonnet *Jason et Medea* qu'il vous a dediè. Dans mon premier recueil de vers, publiè au commencement du dernier annèe, j'ai traduit sa *Chanson de Torero*, mais je n'ai pas osè on l'envoyer, car, en relisant mes vers, je les ai trouvè très mauvais. Je m'en souviens aujourd'hui, comme un père solitaire de ses petits enfants morts.

Je n'ai pas besoin de vous dire que je souhaite qui cet annèe soit pour vous le plus heureux de votre vie exemplaire. Au meme temps je vous prie de me donner toujours des nouvelles de votre etat de santè et de n'oublier point de votre très-devot, très-humble et très-reconnaissant admirateur qui baise respectueusement vos sacres mains.

Julián del Casal

P.S. Yl y a beaucoup de temps, j'ai une grace à vous demander. Si vous avez, dans un tiroir, un portrait à vous, quoique il soit très ancien, je vous prie de me l'envoyer et de me pardonner si haute, mais ma seule, pretention. Je vous ai envoyè le mien, avec l'espoir d'obtenir le vôtre. Et, quand j'ose vous lui demander, c'est car je ne peux pas vivre plus de temps sans lui. Je saurais, très-venerè maître, me faire digne de cet honneur. J. del C.

divino Gustavo Moreau con el único objetivo de fundar una religión a la gloria vuestra. Y si no lo logro, quebraré mi pluma y me hundiré en la paz del claustro, volviendo mi mirada hacia Dios, el único que me consolaría de haber vivido.

Luego de estas confidencias, debo revelaros también que estoy verdaderamente sorprendido de leer que tenéis el deseo de haceros traducir mi pequeño poema por el Señor de Heredia. Esto me enorgullece, muy-amado maestro, pero con el corazón abierto, no me siento digno. El Señor de Heredia, —cuyos magistrales sonetos conozco muy bien, hasta el punto de haber intentado imitarlos, infelizmente, por desgracia, en *Mi Museo Ydeal*— es también uno de mis dioses. Yo vivo de adoraciones, como otros de desprecio. Conozco de memoria su magnífico soneto *Jasón y Medea* que os ha dedicado. En mi primer volumen de versos, publicado al comienzo del pasado año, traduje su *Canción de Torero*, pero no me he atrevido a enviársela, pues, releyendo mis versos, los he encontrado muy malos. Los recuerdo hoy, como un padre solitario a sus pequeños hijos muertos.

No necesito deciros que deseo que este año sea para vos el más dichoso de vuestra vida ejemplar. Al mismo tiempo os ruego que me deis siempre noticias sobre vuestro estado de salud y que no os olvidéis nunca de vuestro muy-devoto, muy-humilde y muy-agradecido admirador que besa respetuosamente vuestras sagradas manos.

Julián del Casal

P.S. Hace mucho tiempo que quiero pediros una gracia. Si tuvieseis, en una gaveta, un retrato vuestro, aunque fuese muy viejo, os ruego me lo enviéis y me perdonéis tan alta, pero mi única, pretensión. Os envié el mío, con la esperanza de obtener el vuestro y, si me atrevo a pedíroslo, es porque no puedo vivir más tiempo sin él. Yo sabré, muy-venerado maestro, hacerme digno de este honor. J. del C.

La Havanne, le 5 Mars 1892

Monsieur Gustave Moreau

Très-cher grand maître:

J'ai l'honneur de vous présenter au porteur de ces quelques lignes, Monsieur Edouard Cornelius Price, un de mes véritables amis et un grand poete cubain-francais, comme M. de Heredia, qui s'est établi, depuis des mois, a Paris.

Bientôt il debutera dans les lettres francaises, sous la protection de M. Francois Coppèe, par un très-magnifique volume de vers, dont j'en lis quelqu'uns.

Je n'ai pas besoin de vous louer ses très-hautes qualitès, car, aussitot connu, vous apprirez qu'il est doux comme un enfant, tendre comme une vierge, pur comme un ange et bon comme un vrai artiste. J'en passe et des meilleurs, en eprouvant la crainte de blesser sa imvraisamblable et sincere modestie.

Au meme temps, je vous prie, à cœur ouvert, de ne croire point de tout qu'il vous disse sur moi.

Yl s'est charge très volontiers d'aller, en mon nom, chez vous et de me donner des nouvelles de votre etat de santè.

Si vous vous daignez lui faire un bon accueil, vous auriez des nouveaux titres a l'infinie gratitude de votre tres-devot admirateur et très-humble serviteur.

Julián del Casal

La Habana, 5 de marzo de 1892

Señor Gustavo Moreau

Muy-querido gran maestro:

Tengo el honor de presentaros al portador de estas pocas líneas, el Señor Eduardo Cornelius Price, uno de mis verdaderos amigos y un gran poeta cubano-francés, como el Señor de Heredia, que se ha establecido, desde hace unos meses, en París.

Pronto debutará en las letras francesas, bajo la protección del Señor Francisco Coppée, con un muy-magnífico volumen de versos, de los que he leído ya algunos.

No tengo necesidad de alabar sus altísimas cualidades, pues, en cuanto lo conozcáis, descubriréis que es dulce como un niño, tierno como una virgen, puro como un ángel y bueno como un verdadero artista. *J'en passe et des meilleurs,*[59] experimentando el temor de herir su inverosímil y sincera modestia.

Al mismo tiempo, os ruego, de todo corazón, que no creáis nada de lo que os diga sobre mí.

Está encargado, con gran placer, de ir en mi nombre a vuestro domicilio y de enviarme noticias de vuestro estado de salud.

Si os dignaseis a acogerlo, tendréis nuevos títulos en la infinita gratitud de vuestro muy-devoto admirador y muy-humilde servidor.

Julián del Casal

59 Nota 16.

La Havanne, le 16 Mars 1892

Monsieur Gustave Moreau

Divin maître:

Quoique je ne vous ai pas écrit, apres d'avoir repondu votre dernière lettre, que des lignes de presentation pour un de mes compatriotes francisés, Monsieur Price, je ne vous ai pas oublié un seul jour, une seule heure.

Je songe que vous serez deja bien retabli de vos souffrances et en savourant ces douceurs de la convalescence, si bien goûtées par tous ceux qui sommes très-habitues aux maladies.

Pendant mes heures de loisir, je vous ai ecrit cinq ballades qui je n'ai osé pas publier, en craignant vous tourner au ridicule avec ma furieuse et banale admiration. Aussitôt traduites en prose francaise par moi, afin de vous épargner le soin de chercher un traducteur, j'aurai le plaisir de vous les envoyer, mais pour vous seulement. Ce qui je vous envoie, c'est une lettre et un article, lesquels je vous prie de remettre au grand maître Monsieur Huysmans.

J'ai ecrit cet article pour lui remercier d'une manière très-pauvre, mais la seule possible pour moi, l'inappreciable obligeance de vous remettre mes premieres lettres.

Je vous prie de n'oublier jamais qu'en vous envoyant quelqu'uns de mes travaux, je n'ai pas d'autre prétention qui celle de vous être agreable. Vous n'avez pas besoin de me leurs louer, s'ils ne vous plaisent pas. J'ai la conscience de ma misere artistique, mais je ne m'en plaint pas, car Dieu m'a donné toujours la resignation avec la douleur. D'ailleurs, je suis bien guéri de toutes les vanités de la vie.

Vous m'excuserez si je ne vous ecris que ces quelques lignes, mais je suis, il y a des jours, si endolori, si fievreux, que la plume on glisse de mes doigts.

Malgré tout, reste vivant avec vous par la pensèe votre très-fanatique et très-reconnaissant admirateur.

Julián del Casal

La Habana, 16 de marzo de 1892

Señor Gustavo Moreau

Divino maestro:

Aunque no os haya escrito, luego de haber respondido a vuestra última carta, más que unas líneas de presentación para uno de mis compatriotas afrancesados, el Señor Price, no os he olvidado un solo día, una sola hora.

Ansío que estéis ya totalmente restablecido de vuestras dolencias y saboreando esas dulzuras de la convalecencia, tan apreciadas por todos los que estamos muy-habituados a la enfermedad.

Durante mis horas de ocio, os he escrito cinco baladas que no he osado publicar, temiendo poneros en ridículo con mi furiosa y banal admiración. Tan pronto sean traducidas en prosa francesa por mí, con el fin de evitaros la molestia de buscar un traductor, tendré el placer de enviároslas, pero solo para vos. Lo que os envío es una carta y un artículo, los cuales os suplico entreguéis al gran maestro el Señor Huysmans.

Escribí este artículo para agradecerle de una manera muy pobre, pero la única posible para mí, la inapreciable amabilidad de haberos entregado mis primeras cartas.

Os suplico que nunca olvidéis que al enviaros algunos de mis trabajos, no tengo más pretensión que la de seros agradable. No os sintáis en la necesidad de alabármelos, si no os gustasen. Tengo conciencia de mi miseria artística, pero no me quejo, porque Dios me ha dado siempre la resignación frente al dolor. Además, estoy bien curado de todas las vanidades de la vida.

Perdonadme si no os escribo más que unas pocas líneas, pero estoy, desde hace unos días, tan adolorido, tan febril, que la pluma se me escapa de los dedos.

A pesar de todo, sigue vivo con vos en el pensamiento vuestro muy-fanático y muy-agradecido admirador.

Julián del Casal

La Havanne, le 20 Avril 1892

Très divin maître :

Je n'ai pas le bonheur, depuis longtemps, de recevoir d'aucune lettre à vous, mais je ne m'en plains pas, car je sais que vous n'avez pas le temps de repondre mes enfantillages et mes sottises, mais seulement de me les pardonner.

Abusant de votre bontè, ce que vous m'excuserez aussi, très-cher et très-veneré maître, j'ose vous ecrire de nouveau pour vous remettre quatre exemplaires de mon dernier volume de vers. Je vous prie très-humblement d'accepter le premier pour vous et d'offrir le deuxième au Monsieur Huysmans, le troisième au Monsieur de Heredia et le quatrième au Monsieur Verlaine, s'ils vont un jour chez vous. Chaque volume porte sa dedicace.

D'abord, je songeais les écrire, mais j'ai etrangleé tout de suite cette pensée, parce que, en ne me connaissant-ils pas, ils pouvaient me prendre par un rechercheur d'autographes ou d'autre chose plus horripilante encore. Ainsi, donc, faites-moi le plaisir, très-bon maître, de les dire que je n'ai pas d'autre but, avec la remission de mon cahier de vers, qui celui de les prouver qu'ils ont en moi, dans ce coin du monde, le plus obscur, le plus petit, le plus pauvre, mais —quoique pas autant que vous, sans flatterie— le plus fervent de ses admirateurs.

J'aurais voulu, très-doux maître, vous envoyer d'autre present plus digne à vous, mais cela m'a èté impossible et j'ai du me résigner, bien habitué que je suis à l'avortement de mes desirs et de mes rêves. J'attends que vous trouverez plus acceptable un bouquet de ballades —dont je vous ai parlè— que j'aurais l'honneur de vous effeuiller dans l'hiver de cette année

Je vous aime de plus en plus, non seulement par votre genie, que je trouve de jour en jour plus colossal, et par votre vie exemplaire, que je cherche d'imiter, mais parce que vous m'avez ecrit: «Je ne possède rien d'autre en mon avoir, qu'un grand amour de l'art et des belles choses de la pensée....»

Laissez-moi vous feliciter de tout cœur par le magnifique sonnet que, avec votre «Source Troublee», avez vous inspirè au Monsieur Noël Loumo, et par votre nomination de «chef d'atelier de peinture».

La Habana, 20 de abril de 1892

Muy divino maestro:

No tengo la dicha, desde hace tiempo, de recibir ninguna de vuestras cartas, pero no me quejo, pues sé que no tenéis tiempo para responder a mis infantilismos y a mis necedades, y que solo podéis perdonármelos.

Abusando de vuestra bondad, por lo que me perdonaréis también, muy-querido y muy-venerado maestro, me atrevo a escribiros de nuevo para haceros llegar cuatro ejemplares de mi último volumen de versos. Os ruego muy-humildemente que aceptéis el primero para vos y que ofrezcáis el segundo al Señor Huysmans, el tercero al Señor de Heredia y el cuarto al Señor Verlaine, si algún día van por vuestra residencia. Cada volumen lleva una dedicatoria.

En un inicio, pretendía escribirles, pero asfixié enseguida este pensamiento, porque, no conociéndome ellos, podían tomarme por un cazador de autógrafos u otra cosa aún más horripilante. Así pues, tened la bondad, muy-buen maestro, de decirles que no tengo otro objetivo, con el envío de mi cuaderno de versos, que el de probarles que tienen en mí, en este rincón del mundo, al más obscuro, al más pequeño, al más pobre, pero —aunque no tanto como vos, sin adulación— al más ferviente de sus admiradores.

Hubiera querido, muy-dulce maestro, enviaros otro presente más digno de vos, pero me ha sido imposible y he debido resignarme, bien habituado como estoy al aborto de mis deseos y de mis sueños. Espero que encontraréis más aceptable el ramillete de baladas —de las que os he hablado— que tendré el honor de deshojaros en el invierno de este año.

Os amo cada vez más, no solo por vuestro genio, que encuentro cada día más colosal, y por vuestra vida ejemplar, que trato de imitar, sino porque me habéis escrito: «Nada poseo en mi haber, más que un gran amor por el arte y por las cosas bellas del pensamiento...»

Dejadme felicitaros de todo corazón por el magnífico soneto que, con vuestra «Source Troublée» habéis inspirado al Señor Noël Loumo, y por vuestra nominación como «jefe de taller de pintura». Yo sé que sois digno de otro puesto más elevado, pero también sé que en la vida nunca es apreciada la obra del genio.

Je sais que vous etez digne d'autre place plus haute, mais je sais aussi qui dans la vie n'est jamais appreciè l'œuvre du genie.

Soyez heureux, très-cher et très-grand maître, soyez heureux et recevoiz toute l'ame de votre enragé admirateur

Julián del Casal

P.S. Je m'ai oublié toujours vous dire que je vous envoie mes lettres recomandeès pour avoir la securitè de sa reception, mais non pour vous obliger aux réponses. Je suis pourri des dèfauts, mais je n'ai étè jamais intéressè et je n'attends l'etre non plus, car je suis habituè à me priver de tout. J. del C.

Sed feliz, muy-querido y muy-gran maestro, sed feliz y recibid toda el alma de vuestro vehemente admirador

Julián del Casal

P.S. Me olvidaba deciros que os envío mis cartas certificadas para tener la seguridad de su recepción, pero no para obligaros a dar respuesta. Estoy podrido de defectos, pero nunca he sido interesado y no espero tampoco serlo, pues estoy habituado a privarme de todo. J. del C.

La Havanne, le 5 Juin 1892

Bien cher grand-maître : Je n'ai pas rien de nouveau a vous dire, mais je veux me donner aujourd'hui l'honneur de vous ecrire, pour vous montrer que je ne vous ai oublié et qui, malgre d'un long silence, je suis toujours le meme.

Si je vous dérange, je vous prie de briser ce papier-ci, où vous ne trouverez pas que la trop pale expression d'un cœur reconnaissant envers vous, d'un cœur profondement épris de votre puissant genie, de un cœur qui, pour vous, cultive ses meilleurs et ses plus purs sentiments.

Voila bien de temps que je m'avais proposé vous ecrire, mais ma ignorance de votre belle langue, d'un côté, et ma impuissance pour vous etre agreable, de l'autre côté, m'avaient fait remettre au lendemain la realisation de mon projet. Je voulais vous ecrire pour vous remercier l'envoi de «La Habana Literaria» au grand maître Hüysmans. Et, quoique si tard, je vous prie de croire a ma gratitude eternelle.

Je n'ose jamais vous parler de vos merveilleux tableaux, bien convaincu que je suis de la inutilite de mes opinions, mais je dois vous confesser qui, dans ces derniers temps, j'ai ecrit des odelettes qui m'ont eté inspires par votre *Jason*. J'en ai parle dans mes vers, comme d'une bien-aimée réel. En fin, bien cher grand-maître, je suis éperdument amoureux de cette divine creation de votre pinceau. J'attends que vous ne me trouverez pas ridicule par ces aveux, car vous etez un grand artiste et peut-etre vous auriez aussi ressentie un amour semblable. Et je n'ajoute pas un seul mot sur ce point, car je me egarerais....

Adieu, bien cher grand-maître, jusque bientot. Mes souvenirs au Monsieur Hüysmans et pour vous tout le cœur de

Julián del Casal

P.S. ¿N'avez pas vous recu une lettre a moi, en vous demandant votre portrait ? Son envoi vous couterais si peu et me rendrerai heureux, si heureux!

La Habana, 5 de junio de 1892

Bien querido gran maestro: No tengo nada nuevo que deciros, pero quiero darme hoy el honor de escribiros, para mostraros que no os he olvidado y que, pese a un largo silencio, sigo siendo el mismo.

Si os perturbo, os pido que rompáis este papel, donde no encontraréis más que la palidísima expresión de un corazón agradecido, de un corazón profundamente prendado de vuestro poderoso genio, de un corazón que, por vos, cultiva sus mejores y más puros sentimientos.

Hace mucho tiempo que me había propuesto escribiros, pero mi ignorancia de vuestra bella lengua, por un lado, y mi incapacidad para seros agradable, por el otro, me habían hecho dejar para mañana la realización de mi proyecto. Quería escribiros para agradeceros por el envío de «La Habana Literaria» al gran maestro Huysmans. Y, aunque tardíamente, os ruego creáis en mi eterna gratitud.

No me atrevo nunca a hablaros de vuestros maravillosos cuadros, bien convencido que estoy de la inutilidad de mis opiniones, pero debo confesaros que, en estos últimos tiempos escribí unas odeletas[60] que me han sido inspiradas por vuestro *Jasón*. Hablo de él en mis versos como de una amada real. En fin, bien querido gran-maestro, estoy perdidamente enamorado de esta divina creación de vuestros pinceles. Espero que no me encontréis ridículo por estas confesiones, pues sois un gran artista y habréis quizás también sentido un amor semejante. Y no agrego una palabra más sobre este punto, porque me perdería...

Adiós, bien querido gran-maestro, hasta pronto. Mis recuerdos al Señor Huysmans y para vos todo el corazón de

Julián del Casal

P.S. ¿No habéis recibido una carta mía pidiéndoos vuestro retrato? Su envío os costaría tan poco y me haría feliz, ¡tan feliz!

60 Nota 17.

Paris 29 Juillet 92

Cher Monsieur,

Je suis bien en retard avec vous de toute façon, mais vous m'excuserez quand je vous dirai que depuis trois mois je suis entièrement [en] souffrance [,] forcé à mille soins et par conséquent détourné de bien de choses même de celles qui me sont les plus agréables.

J'aurais pourtant bien voulu vous remercier et plus d'une fois de votre si gracieux souvenir et de l'envoi [,] non moins plus précieux pour moi [,] de vos poésies.

Que voulez-vous[?] On ne fait rien de ce qu'on veut pressé par tant de choses —le travail, mes élèves, car j'ai aujourd'hui [la] charge d'enseigner à l'école de Beaux Arts, où j'ai été nommé Professeur—[,] des dérangements sans nombre crochant sur le tout on sait où donner la tête!

D'autant que je suis moins alerte et souvent bien peu courageux écœuré par cet état de souffrances continuelles et pourtant, il ne faut pas se plaindre, tant que les forces sont encore suffisantes pour le travail. On voit tant de pauvres êtres frappés si cruellement autour de lui!

J'espère, cher monsieur, que votre état de santé est meilleur je le désire de tout mon cœur car vous êtes un délicat, un sensible et il faut à ces natures [,] plus qu'aux autres [,] la force et la santé.

J'ai vu avec grand plaisir l'ami dont vous m'annonciez la venue, Monsieur Cornelius Price, qui est un charmant homme, d'une intelligence exquise et ce qui m'a fait un plaisir extrême, un homme très simple, très naturel, qualités bien rares aujourd'hui parmi ceux qui écrivent, les poètes surtout.

J'espère le revoir à son retour de villégiature, il me l'a promis et j'ai bien de croire qu'il me tiendra parole.

Adieu [,] cher monsieur, encore mille fois pardon de mon trop long silence, croyez que je pense souvent à vous que je connais davantage aujourd'hui [,] que j'ai parle avec votre aimable ami [,] de votre talent et de votre pessimisme. Ne m'en veuillez jamais à l'avenir de mon apparente négligence et recevez ici l'expression de mes sentiments les meilleurs.

Gustave Moreau

París, 29 de julio del 92

Estimado Señor,

Tengo, de todas formas, un gran retraso con vos, pero me excusaréis cuando os diga que desde hace tres meses estoy totalmente convaleciente, forzado a mil cuidados y en consecuencia alejado de muchas cosas, incluso de aquellas que me son más placenteras.

Hubiera querido, sin embargo, agradeceros y más de una vez por el delicado recuerdo y por el envío, no menos preciado para mí, de vuestros poemas.

¿Qué deciros? No hacemos nunca nada de lo que quisiéramos apremiados por tantas cosas —el trabajo, mis alumnos, pues tengo hoy [la] responsabilidad de enseñar en la escuela de Bellas Artes, donde he sido nombrado profesor—[,] interrupciones innumerables acumulándose por doquier que no sabemos cómo dar abasto.

Tanto así que estoy menos alerta y a menudo sin coraje desilusionado por este estado de sufrimiento continuo y, sin embargo, no hay que quejarse, mientras las fuerzas sean aún suficientes para el trabajo. ¡Vemos tantos pobres seres golpeados de manera tan cruel alrededor nuestro!

Espero, estimado señor, que vuestro estado de salud se encuentre mejor, lo deseo de todo corazón pues sois un delicado, un sensible y dichos caracteres necesitan, más que otros, la fuerza y la salud.

He recibido con gran placer al amigo del cual me anunciabais la visita, el Señor Cornelius Price, que es un hombre encantador, con una inteligencia exquisita y lo que me ha causado un placer extremo, un hombre muy simple, muy natural, cualidades bastante raras hoy entre los que escriben, en especial los poetas.

Espero volverlo a ver al regreso de sus vacaciones, me lo ha prometido y tengo confianza en que mantendrá su palabra.

Adiós, estimado señor, una vez más mil perdones por mi excesivamente largo silencio, creedme que pienso a menudo en vos ahora que os conozco mejor, luego de haber hablado con vuestro amable amigo de vuestro talento y de vuestro pesimismo. No me guardéis nunca en lo adelante rencor por mi aparente negligencia y recibid la expresión de mis mejores sentimientos.

Gustave Moreau

[Sur un bord du verso de la lettre on lit : Je ne peux vous satisfaire à mon grand regret au sujet de mon portrait —jamais je n'ai pas fait [inintelligible] photographie et très probablement je ne m'en ferai jamais faire]

En el margen de la carta se puede leer: No puedo satisfaceros, a mi gran pesar, con respecto a mi retrato —nunca he hecho [ininteligible] una fotografía de mí y muy probablemente nunca la haré.

La Havanne, le 19 Aout 1892

Très-cher grand-maître: Yvre de bonheur, par la réception de votre magnifique lettre, mais empoisonnè d'angoisse, par toute la tristesse qu'elle renferme, j'ose vous ecrire ces quelques lignes, sans l'espoir helas! d'alléger vos amers et profonds souffrances.

Après la lecture de si tendre, si touchant et si sublime temoignage de votre sympathie, j'ai restè plongé dans le plus noirs des douleurs, songeant a la cruatè du destin qui vous blesse si injustement, a vous qui êtes, très-bien-aimé-maître, le plus grand, le plus noble et le plus pur des hommes. Mais au meme temps —si dois-je vous dire toute la veritè— j'ai ressentie grandir mon amour envers vous, car j'ai appris que vous êtes souffrant et je n'aime pas que les malades ou les tristes, bien degoutè qui je suis des gens heureux. Ainsi, donc, très-cher-grand-maître, je vous prie de croire davantage a mon stérile, mais absolu et sincere dévouement.

Quoique j'ai regretté souvent votre silence, je ne vous ai adressè mentalement des reproches jamais, parce que je sais que vous êtes toujours fort occupé et qui vous avez besoin du temps pour reposer de vos longs et sacres travaux

Je suis fier de l'intéret qui vous montrez sur mon etàt de santè, mais je suis plus malade de jour en jour et bien resigné a tout.

Au sujet de mon amie, Cornelius Price, je suis heureux de savoir l'impression qui vous avez gardè de lui. Je l'attendais d'avance et par cela meme j'avais osè vous lui présenter. Je dois l'ecrire tres-prochainement et alors je l'ecrirais tout ce qui vous pensez de son personne et de son talent.

Comme vous pouvez imaginer, je regrette profondement n'avoir pas votre portrait, car je n'ai pas l'espoir de vous connaitre jamais, mais je respect votre goût et presque j'en vous complimente.

Ne me parlez pas de mes poesies. Je suis hontè de vous avoir envoyè un si pauvre hommage de mon admiration.

Adieu, très-bien-aimè-grand-maître, daignez vous accueillir tout l'amour, toute la tendresse et toute la veneration de votre humble et devot admirateur

Julián del Casal

La Habana, 19 de agosto de 1892

Muy-querido gran maestro: Ebrio de felicidad, por la recepción de vuestra magnífica carta, pero envenenado de angustia, por toda la tristeza que ella encierra, me atrevo a escribiros estas pocas líneas sin la esperanza ¡por desgracia! de aliviar vuestros amargos y profundos sufrimientos.

Luego de la lectura de tan tierno, tan conmovedor y tan sublime testimonio de vuestra simpatía, me he quedado inmerso en el más negro de los pesares, cavilando la crueldad del destino que os hiere tan injustamente, a vos que sois, muy-bien-amado-maestro, el más grande, el más noble y el más puro de todos los hombres. Pero al mismo tiempo —si debo deciros toda la verdad— he sentido crecer mi amor hacia vos, pues he descubierto que sufrís y yo solo amo a los enfermos o a los tristes, tan repugnado que estoy de las gentes felices. Así, pues, muy-querido-gran-maestro, os suplico que creáis cada vez más en mi estéril, pero absoluta y sincera devoción.

Aunque a menudo haya lamentado vuestro silencio, nunca os he dirigido mentalmente ningún reproche, porque sé que estáis siempre muy ocupado y que necesitáis tiempo para reposaros de vuestros largos y sagrados trabajos.

Me siento halagado por el interés que mostráis por mi estado de salud, pero estoy cada día más enfermo y bien resignado a todo.

A propósito de mi amigo, Cornelius Price, estoy feliz de saber la impresión que habéis guardado de él. Lo esperaba de antemano y por ello incluso me atreví a presentároslo. Debo escribirle muy-próximamente y entonces le escribiré todo lo que pensáis de su persona y de su talento.

Como podéis imaginar, lamento profundamente no tener vuestro retrato, pues no tengo la esperanza de conoceros nunca, pero respeto vuestro gusto y casi que os felicito.

No me habléis de mis poesías. Avergonzado estoy de haberos enviado un homenaje tan pobre de mi admiración.

Adiós, muy-bien-amado-gran-maestro, dignaos a acoger todo el amor, toda la ternura y toda la veneración de vuestro humilde y devoto admirador.

Julián del Casal

La Havanne, le 1er Janvier 1893

Très-cher maître :

Vous songerez peut-etre que je vous ai oubliè, n'ayant pas recu une seule ligne a moi, il y a deja beaucoup de temps. Mais je ne vous oublie pas un seul jour. Vous êtes toujours très vivant dans mon cœur, et, pendant mes longues heures de noire mèlancolie, je tends ma penseè envers vous, en èprouvant tout de suite une infinie consolation.

Yl y a des heures, très-cher maître, où je ressens un violent dèsir de m'adresser à vous, en vous disant tout ce que je vous aime, tout ce que je vous admire, tout ce que je vous vénère. Mais, comme il v a dans moi deux etres, l'un rêveur et l'autre analytique, je chasse tout a coup cette pensèe, car je crains vous deranger o vous obliger aux reponses.

Si je vous ecris aujourd'hui cez quelques lignes, c'est seulement pour vous envoyer tous mes vœux de bonne annèe et pour vous montrer de cette manière, certainement très pauvre, mais la seule possible pour moi, que je suis toujours le meme, malgré le temps et malgré la distance.

J'ai une vague espoir d'aller, dans cette année, a Paris, quoique il ne soit pas que par deux mois. Je n'aí pas besoin de vous dire, très-divin maître, que je veux faire seulement ce voyage pour vous connaître et pour ècrire un livre sur votre vie et sur votre œuvre. Comme je suis un ignorant que ècris toujours par une vague intuition qui a-t-il des belles choses, je vous montrerais toujours mes manuscrits avant de les livrer au public et je vous demanderai toujours votre severe et franche opinion. Si je ne peux pas vous traduire mes pensèes, un de mes amis, Monsieur Cornelius Price, par exemple, vous traduira ce que je dois ecrire dans l'espagnol.

Adieu, très-cher maître, soyez heureux et daignez vous vous souvenir de votre très fidèle, très loyal et très passionnè admirateur

Julián del Casal

La Habana, 1ro de enero de 1893

Muy-querido maestro:

Pensaréis quizás que os he olvidado, no habiendo recibido una sola línea mía desde hace ya mucho tiempo. Mas no os olvido un solo día. Estáis siempre muy vivo en mi corazón y durante mis largas horas de negra melancolía, tiendo mi pensamiento hacia vos, sintiendo de inmediato un infinito consuelo.

Hay ciertas horas, muy-querido maestro, en las que siento un violento deseo de dirigirme a vos, diciéndoos todo lo que os amo, todo lo que os admiro, todo lo que os venero. Mas, como hay en mí dos seres, uno soñador y el otro analítico, desecho inmediatamente este pensamiento, pues temo perturbaros u obligaros a una respuesta.

Si os escribo hoy estas líneas, es solamente para enviaros mis mejores deseos por el nuevo año y para mostraros de esta manera, ciertamente muy pobre, pero la única posible para mí, que soy siempre el mismo, pese al tiempo y pese a la distancia.

Tengo una vaga esperanza de ir, en este año, a París, aunque no sea más que por dos meses. No necesito deciros, muy-divino maestro, que quiero hacer este viaje solamente para conoceros y para escribir un libro sobre vuestra vida y sobre vuestra obra. Como soy un ignorante que escribe siempre por una vaga intuición que tiene de las cosas bellas, os mostraré siempre mis manuscritos antes de entregarlos al público y os pediré siempre vuestra severa y franca opinión. Si no os pudiera traducir mis pensamientos, uno de mis amigos, el Señor Cornelius Price, por ejemplo, os traducirá lo que yo debo escribir en español.

Adiós, muy-querido maestro, sed feliz y dignaos a recordar a vuestro muy fiel, muy leal y muy apasionado admirador.

Julián del Casal

Mi museo ideal

Diez cuadros de Gustavo Moreau

Retrato de Gustavo Moreau

Rostro que desafía los crueles
Rigores del destino; frente austera
Aureolada de larga cabellera,
Donde al mirto se enlazan los laureles.

Creador luminoso como Apeles,
Si en la Grecia inmortal nacido hubiera
Cual dios entre los dioses estuviera
Por el sacro poder de sus pinceles.

De su Ideal divino a los fulgores
Vive de lo pasado entre las ruinas
Resucitando mágicas deidades;

Y dormita en sus ojos soñadores,
Como estrella entre brumas opalinas,
La nostalgia febril de otras edades.

Gustave Moreau (1826-1898). *Danza de Salomé.* Heliograbado. En Desvallières, George, *La Obra de Gustave Moreau* publicada bajo el patronato del Museo Nacional Gustave Moreau, introducción del Sr. George Desvallières, editor J. E. Bulloz, París [1913]. Colección particular. Fotografía © Ferrante Ferranti.

Salomé

En el palacio hebreo, donde el suave
Humo fragante por el sol deshecho,
Sube a perderse en el calado techo
O se dilata en la anchurosa nave;

Está el Tetrarca de mirada grave,
Barba canosa y extenuado pecho,
Sobre el trono, hierático y derecho,
Como adormido por canciones de ave.

Delante de él, con veste de brocado
Estrellada de ardiente pedrería,
Al dulce son del bandolín sonoro,

Salomé baila y, en la diestra alzado,
Muestra siempre, radiante de alegría,
Un loto blanco de pistilos de oro.

Gustave Moreau (1826-1898). *La Aparición*. Heliograbado. En Desvallières, George, *La Obra de Gustave Moreau* publicada bajo el patronato del Museo Nacional Gustave Moreau, introducción del Sr. George Desvallières, editor J. E. Bulloz, París [1913]. Colección particular. Fotografía © Ferrante Ferranti.

La aparición

Nube fragante y cálida tamiza
El fulgor del palacio de granito,
Ónix, pórfido y nácar. Infinito
Deleite invade a Herodes. La rojiza

Espada fulgurante inmoviliza
Hierático el verdugo, y hondo grito
Arroja Salomé frente al maldito
Espectro que sus miembros paraliza.

Despójase del traje de brocado
Y, quedando vestida en un momento,
De oro y perlas, zafiros y rubíes,

Huye del Precursor decapitado
Que esparce en el marmóreo pavimento
Lluvia de sangre en gotas carmesíes.

Gustave Moreau (1826-1898). *Prometeo*. Heliograbado. En Desvallières, George, *La Obra de Gustave Moreau* publicada bajo el patronato del Museo Nacional Gustave Moreau, introducción del Sr. George Desvallières, editor J. E. Bulloz, París [1913]. Colección particular. Fotografía © Ferrante Ferranti.

Prometeo

Bajo el dosel de gigantesca roca
Yace el Titán, cual Cristo en el Calvario,
Marmóreo, indiferente y solitario,
Sin que brote el gemido de su boca.

Su pie desnudo en el peñasco toca
Donde agoniza un buitre sanguinario
Que ni atrae su ojo visionario
Ni compasión en su ánimo provoca.

Escuchando el hervor de las espumas
Que se deshacen en las altas peñas
Ve de su redención luces extrañas,

Junto a otro buitre de nevadas plumas,
Negras pupilas y uñas marfileñas
Que ha extinguido la sed en sus entrañas.

Gustave Moreau (1826-1898). *Galatea.* Acuarela. París, Museo Gustave Moreau. Fotografía © Ferrante Ferranti.

Galatea

En el seno radioso de su gruta
Alfombrada de anémonas marinas,
Verdes algas y ramas coralinas,
Galatea, del sueño el bien disfruta.

Desde la orilla de dorada ruta
Donde baten las ondas cristalinas,
Salpicando de espumas diamantinas
El pico negro de la roca bruta,

Polifemo, extasiado ante el desnudo
Cuerpo gentil de la dormida diosa,
Olvida su fiereza, el vigor pierde

Y mientras permanece, absorto y mudo,
Mirando aquella piel color de rosa,
Incendia la lujuria su ojo verde.

Gustave Moreau (1826-1898). *Elena sobre los muros de Troya.* Heliograbado. En Desvallières, George, *La Obra de Gustave Moreau* publicada bajo el patronato del Museo Nacional Gustave Moreau, introducción del Sr. George Desvallières, editor J. E. Bulloz, París [1913]. Colección particular. Fotografía © Ferrante Ferranti.

Elena

Luz fosfórica entreabre claras brechas
En la celeste inmensidad, y alumbra
Del foso en la fatídica penumbra
Cuerpos hendidos por doradas flechas.

Cual humo frío de homicidas mechas
En la atmósfera densa se vislumbra
Vapor disuelto que la brisa encumbra
A las torres de Ilión, escombros hechas.

Envuelta en veste de opalina gasa,
Recamada de oro, desde el monte
De ruinas hacinadas en el llano,

Indiferente a lo que en torno pasa,
Mira Elena hacia el lívido horizonte,
Irguiendo un lirio en la rosada mano.

Gustave Moreau (1826-1898). *Hércules y la hidra de Lerna*. Heliograbado. En Desvallières, George, *La Obra de Gustave Moreau* publicada bajo el patronato del Museo Nacional Gustave Moreau, introducción del Sr. George Desvallières, editor J. E. Bulloz, París [1913]. Colección particular. Fotografía © Ferrante Ferranti.

Hercules ante la Hidra

En el umbral de lóbrega caverna
Y, a las purpúreas luces del ocaso,
Surge, acechando del viajero el paso,
Invencible y mortal, la Hidra de Lerna.

Mientras se extasía su maldad interna
En mirar esparcidos al acaso
Cuerpos de piel brillante como el raso,
Torso viril o ensangrentada pierna;

Hércules coronado de laureles,
Repleto el cárcaj en el áureo cinto,
Firme en la diestra la potente maza,

Ante las sierpes de viscosas pieles
Detiénese en mitad del laberinto,
Fulminando en sus ojos la amenaza.

Gustave Moreau (1826-1898). *Nacimiento de Venus*. Heliograbado. En Desvallières, George, *La Obra de Gustave Moreau* publicada bajo el patronato del Museo Nacional Gustave Moreau, introducción del Sr. George Desvallières, editor J. E. Bulloz, París [1913]. Colección particular. Fotografía © Ferrante Ferranti.

Venus Anadyomena

Sentada al pie de verdinegras moles
Sobre la espalda de un delfín cetrino
Que de la aurora el rayo purpurino
Jaspea de brillantes tornasoles,

Envuelta en luminosos arreboles,
Venus emerge el cuerpo alabastrino,
Frente al húmedo borde del camino
Alfombrado de róseos caracoles.

Moviendo al aire las plateadas colas,
Blancas nereidas surgen de las olas
Y hasta la diosa de ojos maternales

Llevan, entre las manos elevadas,
Níveas conchas de perlas nacaradas,
Ígneas ramas de fúlgidos corales.

Gustave Moreau (1826-1898). *Sueno de Oriente.* Grabado a partir de una acuarela de 1881. Kratké grabador. París, Museo Gustave Moreau. Fotografía © Ferrante Ferranti.[61]

61 Esta imagen crea un condensado entre la *Peri* del Salón de 1866 y *Safo cayendo en el abismo* de 1867. Como afirma Glickman citando a Pierre-Louis Mathieu, Casal debió recibir una copia de este último cuadro, cuya descripción corresponde a sus versos, y al no tener el título, debió suponer que el tema representado era la oriental Peri.

Una Peri

Sobre alto promontorio en que dardea
La aurora sus reflejos de topacio,
Pálido el rostro y el cabello lacio,
Blanca Peri su cuerpo balancea.

Al claro brillo de la luz febea
Aléjase del célico palacio,
Abrazada a su lira en el espacio,
Retratada en la fúlgida marea.

Y al descender en silencioso giro,
Como visión lumínica de plata,
Ansiosa de encontrar a la Desdicha,

Vaga en sus labios lánguido suspiro
Y en sus violáceos ojos se retrata
El cansancio infinito de la Dicha.

Gustave Moreau (1826-1898). *El rapto de Europa*. Heliograbado. En Desvallières, George, *La Obra de Gustave Moreau* publicada bajo el patronato del Museo Nacional Gustave Moreau, introducción del Sr. George Desvallières, editor J. E. Bulloz, París [1913]. Colección particular. Fotografía © Ferrante Ferranti.

Júpiter y Europa

En la playa fenicia, a las boreales
Radiaciones del astro matutino,
Surgió Europa del piélago marino,
Envuelta de la espuma en los cendales.

Júpiter, tras los ásperos breñales,
Acéchala a la orilla del camino
Y, elevando su cuerpo alabastrino,
Intérnanse entre obscuros chaparrales.

Mientras al borde de la ruta larga
Alza la plebe su clamor sonoro,
Mirándola surgir de la onda amarga,

Desnuda va sobre su blanco toro
Que, enardecido por la amante carga,
Erige hacia el azul los cuernos de oro.

Gustave Moreau (1826-1898). *Hércules en el Estinfalo.* Óleo sobre lienzo. París, Museo Gustave Moreau. Fotografía © Ferrante Ferranti.

Hercules y las Estinfálides

Rosada claridad de luz febea
Baña el cielo de Arcadia. Entre gigantes
Rocas negras de picos fulgurantes,
El dormido Estinfalo centellea.

Desde abrupto peñasco que azulea
Hércules, con miradas fulminantes,
El níveo casco de álamos humeantes
Y la piel del león de la Nemea,

Apoya el arco en el robusto pecho
Y las candentes flechas desprendidas
Rápidas vuelan a las verdes frondas,

Hasta que mira en su viril despecho
Caer las Estinfálides heridas,
Goteando sangre en las plateadas ondas.

Sueño de gloria

Apoteosis de Gustavo Moreau

Sombra glacial de bordes argentados
Enluta la extensión del firmamento,
Donde vagan los discos apagados
De los astros nocturnos. Duerme el viento
Entre las ondas del Cedrón plomizas
Que hasta el sombrío Josafat descienden
Como a un foso inundado de cenizas,
Y en rápida carrera luego ascienden,
Salpicando las rocas erizadas
En que, lanzando pavorosas quejas,
Llegan, por las tinieblas ahuyentadas,
Entreabriendo sus alas, las cornejas.

De mortecina luz a los reflejos
Que clarean el lóbrego horizonte,
Jerusalén destácase a lo lejos
Dormida al pie del solitario Monte
De los Olivos. Ramas erigidas
En la aspereza de sus firmes flancos,
Parecen lanzas de metal hundidas
En cuerpos que a sus áridos barrancos
Tintos en sangre fueron. Mortal frío
Del valle solitario se evapora,
El bosque ostenta fúnebre atavío,
Siente el mundo nostalgia de la aurora,
Silencio aterrador el aire puebla
Y semeja la bóveda del cielo
Encresponada de hórrida tiniebla,
Un palio de sombrío terciopelo.

Chispas brillantes, como perlas de oro,
Enciéndense en la gélida negrura
De la celeste inmensidad. Sonoro

Rumor de alas de nítida blancura
Óyese resonar en el espacio
Que se vela de nubes coloreadas
De nácar, de granate, de topacio
Y de amatista. De estrellas coronadas
Las sienes, y la rubia cabellera
Esparcida en las vestes azuladas,
Como flores de extraña primavera,
Legiones de rosados serafines,
Con el clarín de plata entre las manos,
Anuncian, de la tierra en los confines,
El juicio universal de los humanos.

Tras ellos, entre las brumas opalinas
De matinal crepúsculo radioso,
Como un ídolo antiguo sobre ruinas,
Divino, patriarcal y esplendoroso,
Asoma el Creador. Nimbo fulgente,
Cuajado de brillantes y rubíes,
Luz proyecta en el mármol de su frente;
Dalmática de pliegues carmesíes
Rameados de oro, envuelve sus espaldas;
Haz de luces agita en la diestra
Y chispea erigido en su siniestra
Áureo globo, esmaltado de esmeraldas,
Perlas, zafiros y ópalos. Irisa
El haz la seda de su barba cana,
Vaga en sus labios paternal sonrisa,
Brilla en sus ojos la piedad cristiana
Y parece, flotando en la serena
Atmósfera de luz que lo corona,
Más que el Dios iracundo que condena,
El Dios munificente que perdona.

Al son de los clarines celestiales
Dilatado en los ámbitos del mundo,
Álzanse de sus lechos sepulcrales

Como visiones de entre lodo inmundo,
Revestidos de formas corporales,
Los míseros humanos. Se respira
De Josafat en el espacio inmenso
Acre olor de sepulcros, y se mira
Revolotear en el ambiente denso
Enjambre zumbador de verdes moscas
Que, cual fúlgidas chispas de metales,
Surgen del fondo de las tumbas hoscas,
Donde, bajo las capas terrenales
En que está la materia amortajada,
Del gusano cruel bajo los besos
Atónita descubre la mirada
La blancura amarilla de los huesos.

Bajo el dosel de verdinegro olivo
Que al brillo de la luz se atornasola
Bella y sombría, con el rostro altivo
Tornado a los mortales, brilla sola
Entre la flor de la belleza humana,
Elena, la cruenta soberana
De la inmortal Ilión. A los destellos
Deslumbradores de la luz celeste,
Fórmanle, destrenzados, los cabellos
De gasa de oro esplendorosa veste
Que esparce por sus hombros sonrosados
Para cubrir su desnudez. Deshoja
Nívea flor en sus dedos nacarados,
Y al viento vagabundo luego arroja
Sus pétalos fragantes.

    Cerca de ella
Aparece del valle en la pendiente
La figura grandiosa, sacra y bella
Del divino Moreau. Muestra en la frente
El lauro de los genios triunfadores,
Baña su rostro angélica dulzura

Y brilla en su mirada la ternura
Del alma de los santos soñadores.

Elena, al contemplar la faz augusta
Del genio colosal, baja los ojos,
Plácida torna su mirada adusta,
Colorean su tez matices rojos,
Intensa emoción su seno agita,
Arde la sangre en sus azules venas,
El amor en su alma resucita
Y olvidando la imagen de las penas
Que le están por sus culpas reservadas,
Del valle tumultuoso en el proscenio,
Húmedas por el llanto las mejillas,
Balbucea, postrada de rodillas,
Frases de amor ante los pies del Genio.

Dios, al mirar desde el azul del cielo,
La Belleza del Genio enamorada,
Sus culpas olvidó, sació su anhelo
Y, rozando los límites del suelo,
Descendió a bendecir la unión sagrada.

Oscurece. Celajes enlutados
Tapizan el azul del firmamento
Y, cual fragantes lirios enlazados,
Por la región magnífica del viento
Ascienden los eternos desposados
A olvidar sus miserias terrenales
Donde las almas sin cansancios aman
Bañadas de fulgores siderales,
Y el ambiente lumínico embalsaman
Las flores de jardines celestiales.

Apéndice. Carta de Huysmans a Casal

Paris, 22 avril 1892

Monsieur et cher confrère,

Je vous remercie de l'article que vous avez bien voulu me consacrer dans *La Habana Literaria* que j'ai vaguement compris, en raison du grand nombre de mots dérivés du latin dont vous usez.

C'est toujours avec une certaine surprise qu'à Paris où, en somme, tout le monde méprise l'art et garde ses sympathies pour les gens, qui dans la banque et le commerce gagnent beaucoup d'argent, les gens isolés dans l'art apprennent qu'au loin, ils ont des esprits similaires et des amis inconnus que préoccupent des haines et des joies pareilles.

Ainsi votre lettre m'a-t-elle réjoui, m'annonçant que, si loin, vous connaissiez me livres et en parliez dans les revues de La Havane.

À ce propos, que je vous donne et mon adresse exacte et celle de Gustave Moreau, pour éviter les longueurs de transmission des lettres que vous pouvez écrire.

Gustave Moreau demeure 14 rue de La Rochefoucauld.

et moi 11 rue de Sèvres

que vous avez raison, Monsieur et cher confrère, d'aimer l'œuvre de cet artiste ! Lui, quelques uns, comme Degas, Redon nous consolent des médiocres expositions de peintures qui, maintenant ici, nous encombrent.

Peut-être, un jour, le public finira-t-il par y croire.

Je me figure qu'à La Havane, vous vivez, littérairement, forcément exilé dans un petit cercle, car il est peu probable que les Havanais raffolent plus que les Parisiens d'art.

Le niveau spirituel doit être le même. Aussi ai-je une réelle sympathie pour ceux qui, comme vous, en sortent.

Je vous envoie, Monsieur et cher confrère, avec l'expression de ma gratitude l'assurance de mes meilleurs sentiments.

Bien à vous.

J. K. Huysmans

París, 22 de abril de 1892

Señor y estimado colega:

Le agradezco por el artículo que quiso usted dedicarme en *La Habana Literaria* que vagamente comprendí, a causa del gran número de palabras derivadas del latín que usted utiliza.

Es siempre con cierta sorpresa que en París donde, en definitiva, todo el mundo desprecia el arte y guarda sus simpatías para las gentes, que en la banca o en el comercio ganan mucho dinero, las gentes aisladas en el arte descubren que, a lo lejos, tienen espíritus similares y amigos desconocidos que se interesan por odios y alegrías similares.

Así su carta me alegró anunciándome que, tan lejos, conoce usted mis libros y habla de ellos en las revistas de La Habana.

A propósito, le doy mi dirección exacta y la de Gustavo Moreau, para evitar la demora en la transmisión de las cartas que usted puede escribir.

Gustavo Moreau reside en el 14 rue de La Rochefoucauld.

y yo en el 11 rue de Sèvres

¡cómo tiene usted razón, Señor y estimado colega, en amar la obra de este artista! Él, algunos otros, como Degas, Redon, nos consuelan de las mediocres exposiciones de pintura que, ahora aquí, nos saturan.

Quizás, un día, el público terminará por creer en ellos.

Me imagino que, en La Habana, vive usted, literariamente, exiliado forzosamente en un pequeño círculo, pues es poco probable que los habaneros se apasionen por el arte más que los parisinos.

El nivel espiritual debe ser el mismo. Por ello, tengo una simpatía real por los que, como usted, sobresalen.

Le envío, Señor y estimado colega, junto a la expresión de mi gratitud, la certeza de mis mejores sentimientos.

Atentamente suyo,

J. K. Huysmans

Notas de la correspondencia cruzada (FR/ES)

1- Aunque en su segunda carta a Moreau, la única en español, Casal escribe «Habana» sin artículo, en el resto de su correspondencia (Epistolario, Sarría, 2017) utiliza siempre el artículo para nombrar la ciudad. Ciertas traducciones lo mantienen, mientras otras prefieren eliminarlo. Nosotros escogemos mantenerlo, para preservar la coherencia con el original en francés y con el resto de sus cartas.

2- Soria (2010) traduce este sintagma utilizado el superlativo «issimo» del italiano. Aunque esta opción existe también en español y que su uso es común, preferimos la traducción con «muy». Casal utilizaba frecuentemente «queridísima» cuando escribía a su hermana, pero este es el único ejemplo que tenemos. En su dedicatoria de *Nieve* a Ricardo del Monte, Casal escribe: «al muy querido y muy venerado maestro (...)». También en su carta en español a Moreau del 15/08/1891, él opta por «muy venerado». Es por ello que elegimos esta construcción con «muy» + adjetivo en nuestra traducción.

3- Decidimos mantener este guion, que no es necesario ni en francés ni en español, como un guiño a ese francés lírico e imperfecto en que Casal escribe.

4- Cuando el complemento directo corresponde a una persona, en español se utiliza la preposición «a» para introducirlo. Esta es una oración compuesta, adversativa, que puede tener dos opciones de traducción: o se supone que el verbo «tener» es común a las dos y en ese caso el complemento mantiene la preposición (como Morán, 2006); o se supone que la segunda frase es atributiva y en ese caso no se utiliza la preposición (como Barrero, 2012). En esta traducción hemos optado por una combinación de ambas opciones.

5- La ortografía de la Academia Española en el siglo XIX indica que las llanas bisílabas no llevan tilde (ex. dia), ni tampoco las terminaciones del imperfecto del indicativo (ex. traian) y del subjuntivo (ex. tengais). Misma regla para las agudas que terminan en consonante (ex. reves). Ver Sales, Lopez y Hernandez. *Inestabilidad ortográfica a mediados del Siglo XIX* (A propósito de tres poemas de José Selgas) Anales de la Universidad de Murcia, 1983.

6- Fragmento del soneto «La Belleza» de Charles Baudelaire de su poemario *Las flores del mal* (1857), en la sección Spleen e Ideal. Estos dos términos tienen una gran importancia en la vida y la obra de Casal. El primero, que designa la melancolía baudeleriana que Casal decide asumir, aparece en varias ocasiones en su correspondencia

—especialmente en las cartas a su amigo Eduardo Rosell—, mientras que el otro es empleado con frecuencia en su poesía.

7- Las cartas de Moreau a Casal fueron descubiertas en 2015 y se encuentran hoy en la Biblioteca Nacional de Cuba. En esta edición presentamos las transcripciones que aparecen en el epistolario publicado por Leonardo Sarría en 2017.

8- Los diez sonetos de Mi mueso ideal fueron publicados por primera vez en La Habana Elegante del 30/08/1891.

9- Aunque «sanar» significa en español «recobrar la salud», también puede ser utilizado como transitivo siendo sinónimo de «curar». Casal lo utiliza de esta manera en su poema Amor en el claustro: «Allí, do acude el corazón llagado / A sanar sus heridas; (...)»

10- En esta carta, Casal utiliza varias frases que él copiara de la carta de su amigo franco-cubano Edouard Cornelius Price del 07/08/1891. Al emplear esta frase, Casal realiza una elisión que la vuelve incoherente y difícil de traducir.

11- Charles Buet. Barbey d'Aurevilly : impresiones y recuerdos. Editor Albert Savine, 1891.

12- Este poema no se ha encontrado junto al resto de la correspondencia.

13- El verbo francés «correspondre», en su sentido de intercambiar cartas con una persona, tendría en español una traducción más acertada con «cartearse». Decidimos más bien utilizar el verbo español «corresponder» cuya etimología es la misma que «correspondencia» (postal) y que implica además una relación de comparación, equivalencia e igualdad. Algo que Casal quiere descartar.

14- Ver el pie de la nota 12 en la carta del 01/11/1891.

15- Ciertas traducciones prefieren utilizar «legible»; no obstante, según RAE «legible suele aludir a la condición material que permita que algo pueda ser leído, mientras que leíble admite otras interpretaciones más amplias (condescendencia del lector, calidad del texto...)»

16- Esta frase Casal la extrae de *Hernani* de Víctor Hugo, empleada por Don Ruy Gomez —acto III, escena VII— para terminar la descripción de sus ancestros que el mismo hace a Don Carlos, el futuro Carlos I y V. Se dice que esta frase hizo que Hugo ganara la famosa «Batalla de Hernani», que opusiera a los defensores del clasicismo y del romanticismo. Para Casal, *Hernani* es una referencia crucial. Él firmará sus artículos para el periódico *La Discusión* bajo este seudónimo. Traducción: «Y tantas otra [cualidades] más, no menos pertinentes.»

17- Algunas traducciones prefieren mantener el término en francés o traducirlo como «pequeñas odas». Sin embargo, el término «odeleta» existe y es empleado a menudo cuando se habla del poeta francés Gérard de Nerval (1808-1855). El poeta argentino Leopoldo Lugones (1874-1938) compuso incluso un poema titulado *Odeleta a Colombina.*

Existen varias traducciones al español de las cartas de Casal a Moreau, y una en italiano (Soria, 2010) muy interesante:

González, Sandra. *Casal y Moreau.* En *Revolución y Cultura* 32, 5. La Habana, 1993, págs. 9-15.

Yglesias, Jorge. (Cartas de Casal a Moreau). Ediciones Vigía, Matanzas, 1997.

Morán Lull, Francisco. *Hacia una dialéctica del amo y el esclavo*: las cartas de Julián del Casal a Gustave Moreau. *Katatay*. Revista crítica de literatura latinoamericana 3-4 (2006): 179-191

Giuliano Soria. *Mondi trasfigurati da Parigi a L'Avana*, de Gustave Moreau a Julián del Casal. Bulzoni Editore, Roma, 2010.

Casal, Julián del. *Cartas a Gustavo Moreau.* Selección y traducción Amparo Barrero Morell. Ediciones Santiago, Santiago de Cuba, 2012.

Agradecimientos

Quisiéramos agradecer a todos los que han colaborado con este proyecto desde sus inicios, especialmente al *Museo Gustave Moreau* en París, a su directora, Marie-Cecile Forest, y a sus especialistas, Samuel Mandin y Emmanuelle Macé; a los que nos aconsejaron con las traducciones, Karla Calviño y Alphonse Cemin; a Rogelio Orizondo y Miguel Machado, por la pasión casaliana; a Olivier Ponsoye y Sébastien Cherruet por su apoyo incondicional; a Ferrante Ferranti por su complicidad fotográfica, a Leandro Feal por permitirnos encontrar a Radamés Molina y especialmente Bernard Grau, por crear la comunión con Dominique Fernandez.

Deseamos agradecer también a Elizabeth Gutiérrez, Elvira Eduardo, Laura Salas, Damián Sainz, María Karla Herrera, Andy Herrera, José Manuel Mesías, Leonardo Sarría, Martica Minipunto, Stephane Corvisier Alain Lombard, Guillaume de Sardes, Giuliano Soria, Francisco Morán.

www.ingramcontent.com/pod-product-compliance
Ingram Content Group UK Ltd.
Pitfield, Milton Keynes, MK11 3LW, UK
UKHW042008190726
13854UKWH00005B/2214